溪口民国墨痕

奉化市政协文史资料第二十四辑

周金康　裘国松◎编

宁波出版社

《溪口民国墨痕》编委会

溪口印痕

浙江省文化厅原副厅长、省文物局原局长、省书法家协会主席鲍贤伦先生为本书题词：溪口印痕

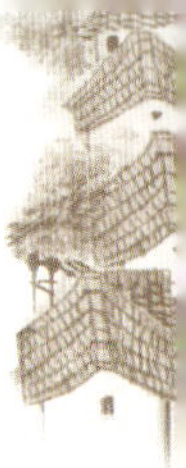

序言

《溪口民国墨痕》（奉化市政协文史资料第二十四辑）正式出版，这是奉化文史工作者奉献给史学界的又一部力作。

翻阅《溪口民国墨痕》，多为民国政要之手迹，有历史的厚重感，其中不乏精品佳作。我感到此书有三方面的价值。

一是存史价值。民国墨痕是民国名人，特别是民国军政要员的手迹，多多少少地反映了民国时期的军事、政治、文化、观念等等，对研究民国历史是第一手的资料，有一定的历史价值。如孙中山赠给蒋介石的题词和为蒋母写的祭文，反映了孙蒋之间的亲密关系；沙孟海撰蒋介石书的报本堂楹联、蒋介石撰张人杰书的蒋母墓前对联等等，反映了蒋介石的伦理道德观念和政治思想渊源；许多民国要人题写的蒋母王太夫人像赞，挽联，毛母张太夫人像赞、挽联，反映了民国政要的礼仪习俗和人情往来；还有人所未知的蒋介石和段祺瑞之间的书信往来等等。这些都为深入研究民国史提供了新的资料。

二是交流价值。自从1984年奉化政协成立文史委员会编写奉化市政协文史资料以来，为全国文史工作者提供了许多具有奉化特色又为奉化独家所有的民国史料，受到史学界的好评。他们也期待奉化继续深入挖掘民国史料，不断有新的作品问世。国内研究民国史特别是蒋介石历史的著名学者杨天石教授曾说：外界对蒋介石只能研究他的大事、要事，而对他的家庭、家事、乡事，特别是在家乡的重大活动，就必须要看奉化市政协文史资料。

三是欣赏价值。《溪口民国墨痕》中，有不少是民国书法大家的作品，如于右任、吴敬恒、谭延闿、沈尹默、沙孟海等等。他们的书法都有很高的造诣，是民国时期顶级大师。这些书法堪为习字摹本，也可怡情养性，并具有收藏价值。

由于历史和认识的局限，《溪口民国墨痕》中的某些史料有一些失真的内容和阿谀奉承之辞，这些我相信读者是能加以鉴别的。

是为序。

奉化市政协主席　王德彪

2013年10月

凡例

一　民国名人手迹浩如烟海。本书收录的基本范围：一是奉化籍民国名人所写，二是各地民国名人与溪口有关的作品。

二　限于篇幅，像于右任、蒋介石题溪口武岭门这类手迹，因流传已广，本书不再收录；若干文字较多的手迹，以片段或局部形式刊入。

三　手迹编排，以作者出生年份为序；同年出生的，以卒年为序。

四　许多手迹中出现的『蒋母』『蒋母王太夫人』，特指蒋介石母亲王采玉；『毛母张太夫人』『毛母张太君』，特指毛邦初母亲张氏。

五　本书收录的民国名人手迹，时间下限为1949年10月1日，以后与溪口相涉的台湾地区名人手迹，作为本书『附录』收入。

目录

序言 〇〇二
凡例 〇〇四
庄崧甫 〇〇一
段祺瑞 〇〇二
吴敬恒 〇〇四
孙中山 〇〇八
林森 〇一六
周骏彦 〇一八
毛思诚 〇二一
张家瑞 〇二三
张静江 〇二四
居正 〇二六
胡汉民 〇二七
于右任 〇三〇
陈独秀 〇三四
谭延闿 〇三五
黄郛 〇四三
陈其采 〇四四
孔祥熙 〇四五
冯玉祥 〇四六
王正廷 〇四八
汪精卫 〇五〇
陈仪 〇五二
沈尹默 〇五三
俞飞鹏 〇五六
朱执信 〇五八
许崇智 〇六〇
伍朝枢 〇六一
鲁涤平 〇六二
王晓籁 〇六三
蒋介石 〇六四

吴铁城 〇八〇
孙鹤皋 〇八一
邵元冲 〇八三
太　虚 〇八四
陈布雷 〇八六
何应钦 〇八八
戴传贤 〇九〇
李宗仁 〇九一
孙　科 〇九二
刘　峙 〇九三
宋子文 〇九四
丰子恺 〇九五
宋美龄 〇九六
黄秉衡 〇九七
沙孟海 〇九八
蒋经国 一〇〇
张学良 一〇二
毛邦初 一〇三
俞济时 一〇四
汪日章 一〇五
蒋纬国 一〇六
附录一 一〇七
附录二 一二一
后　记 一三三

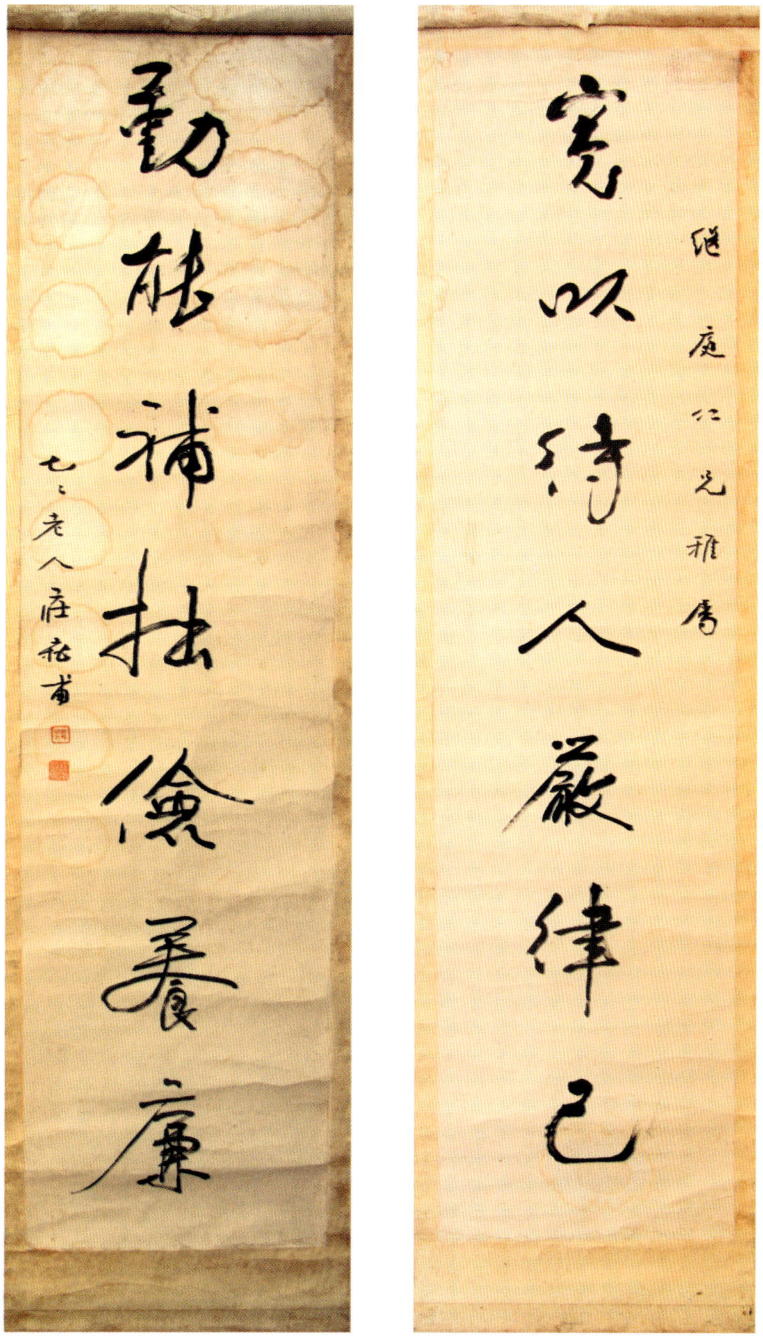

溪口博物馆收藏的庄崧甫题赠

庄崧甫（1860—1940），原名莪存，又名景仲，字崧甫，号求我山人，奉化忠义乡曹村（今属袁村镇）人。曾任国民政府首届立法委员、导淮委员会副委员长。与张泰荣等人在家乡创办孤儿院，任终身院长。

崧甫长寿

求我山人

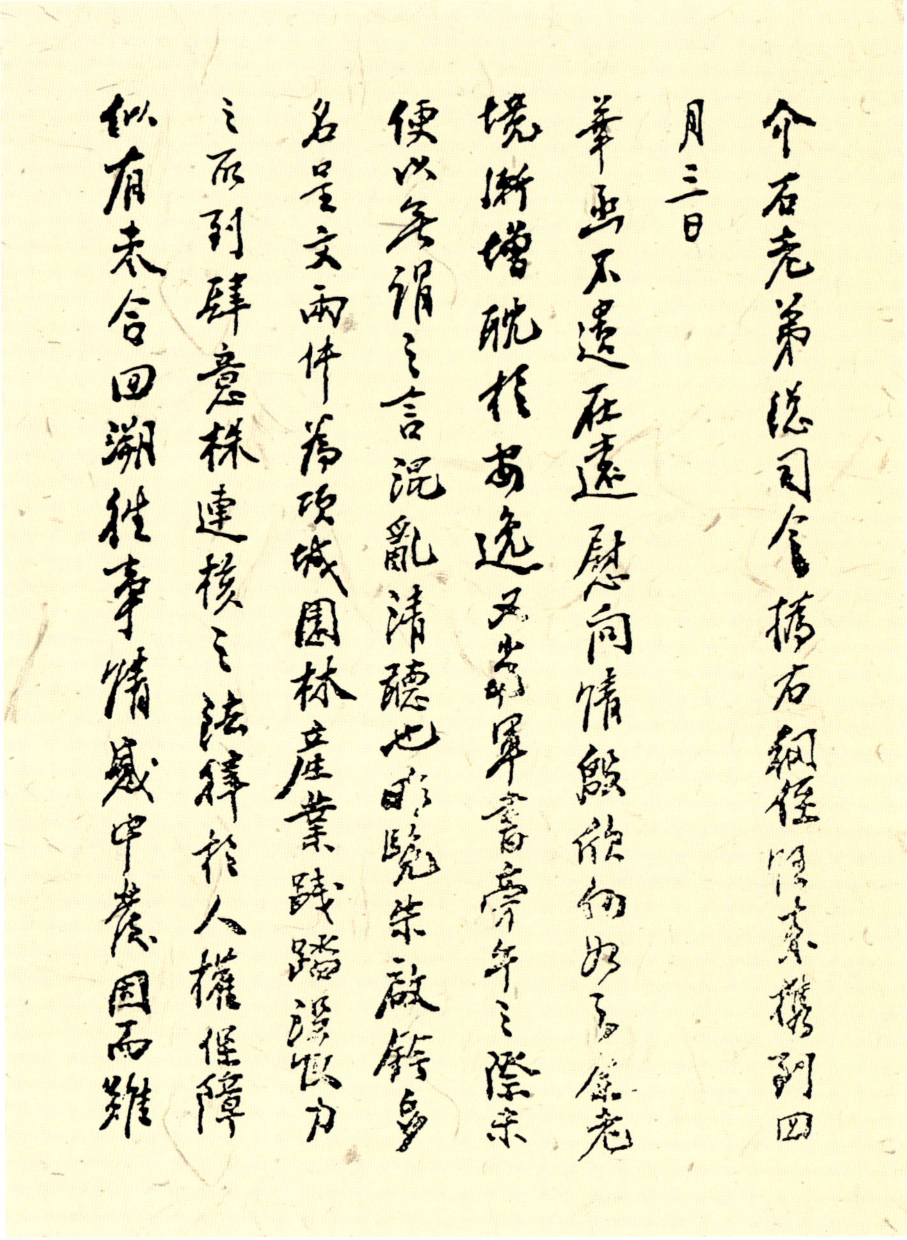

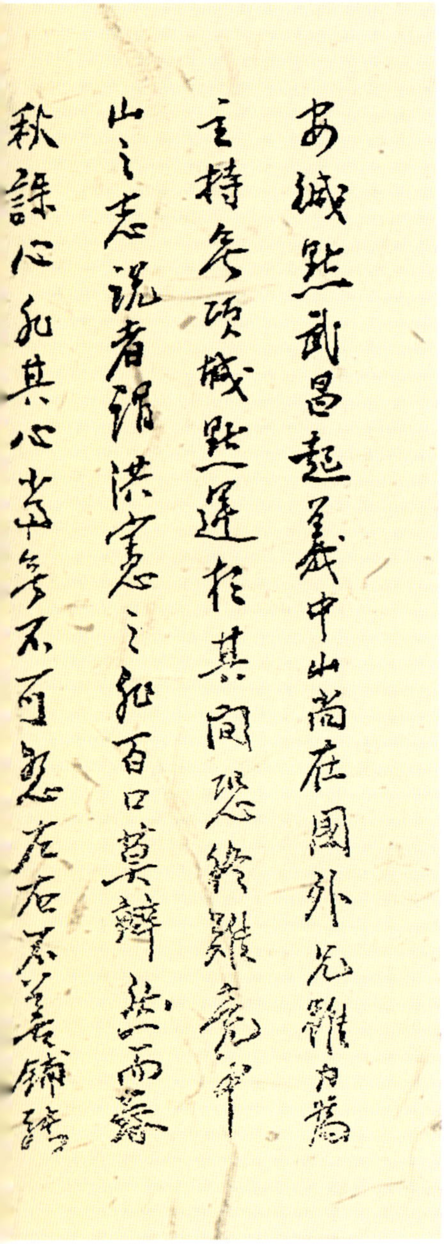

段祺瑞印

段祺瑞（1865—1936），原名启瑞，字芝泉，晚号正道老人，皖系军阀首领。『北洋三杰』之一，中国现代化军队的第一任陆军总长和炮兵司令，中国第一所现代化军事学校——保定军校的总办。

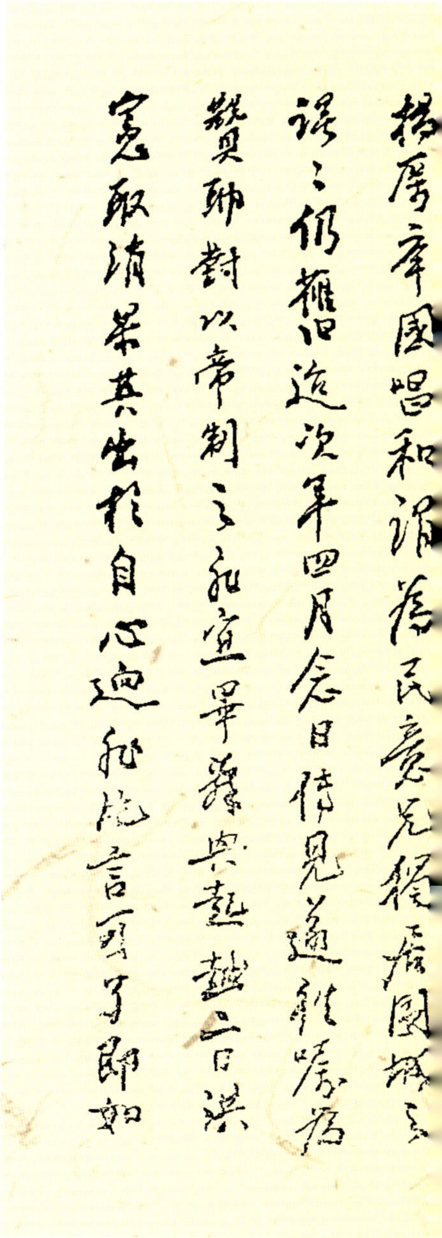
楊度等國唱和謂為民意兄猶為國憾之
誤之仍推舊道次年四月念日傳見遂能喀為
贊助對以帝制之私宜畢露與趣越二日洪
憲取消果其出於自心遂能言可了即如

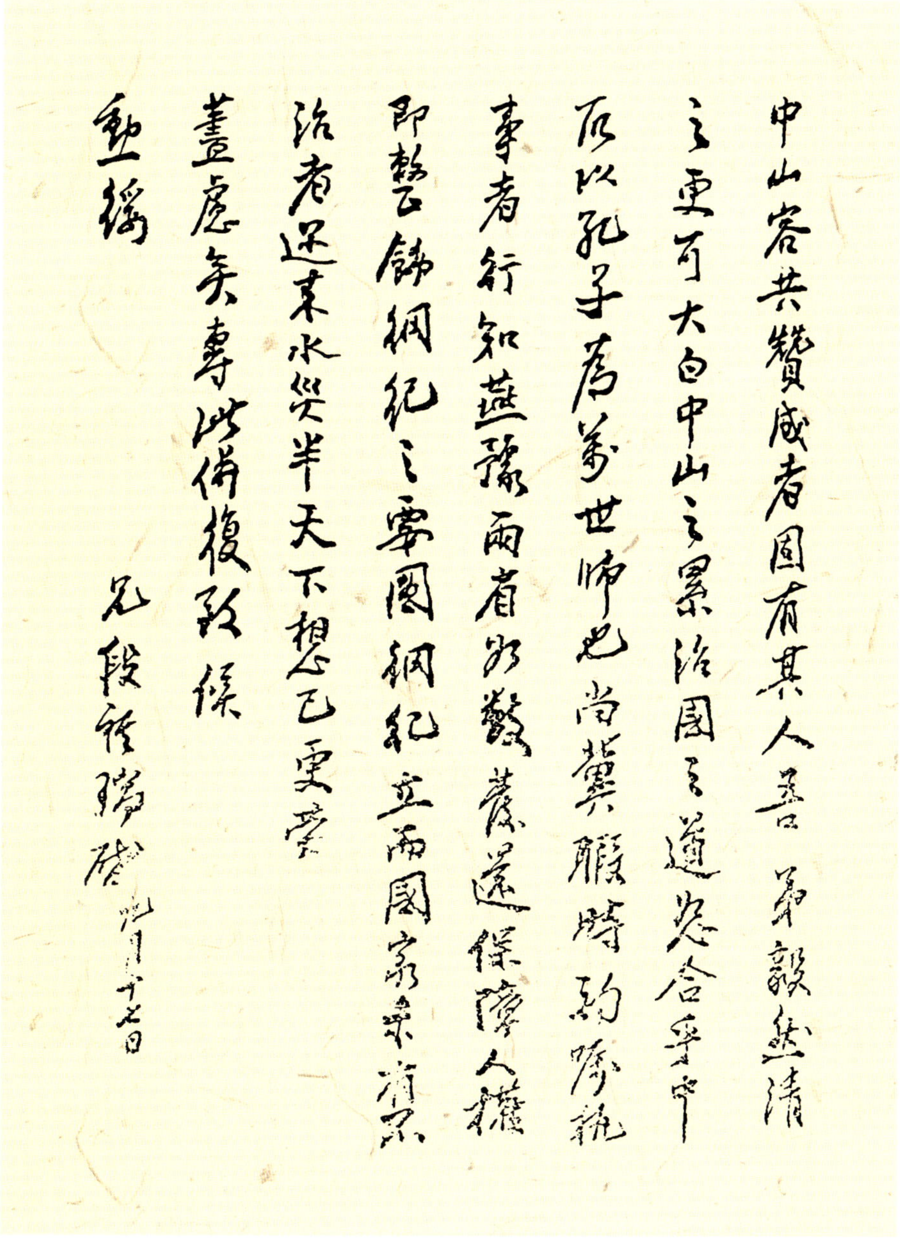
中山容共贊成者固有其人吾弟毅然清
之更可大白中山之累治國之道悠合乎中
反以孔子為萬世師也尚冀服膺時勤修統
事者行知並豫而省敷蒙選保障人權
即整飭綱紀之要國綱紀立而國家永治不
治者還未水災半天下想已更變
盡慮矣專此併復致候
勛綏
兄段祺瑞啓 八月十七日

1928年，二次北伐胜利，北洋军阀的统治被推翻，蒋介石即执弟子礼致信北洋元老段祺瑞，述及对段历史功过的评价，有笼络段氏之意。此为段祺瑞给蒋介石的回信。

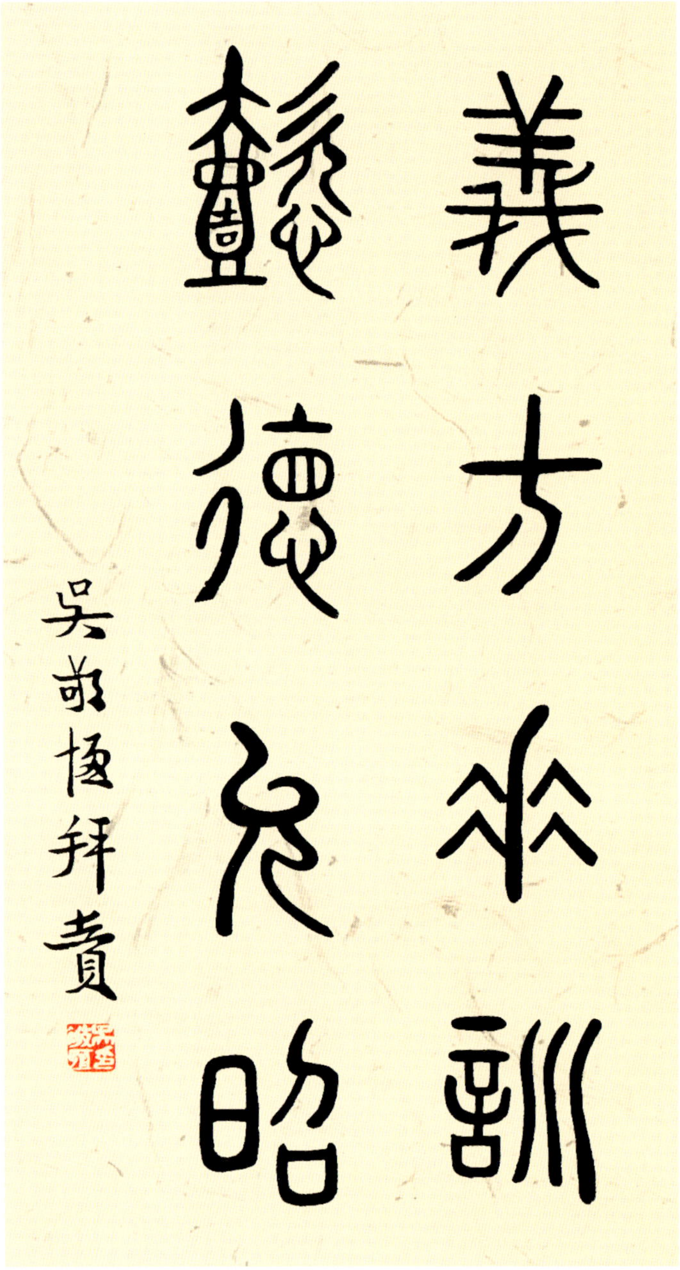

吴敬恒书蒋母挽联

吴敬恒印

吴敬恒（1865—1953），原名朓，后改名敬恒，字稚晖，江苏武进人。蒋介石的忠实追随者，曾任国民党中央监察委员、特别委员会委员、国民革命军总政治部主任、南京国民政府委员等职。

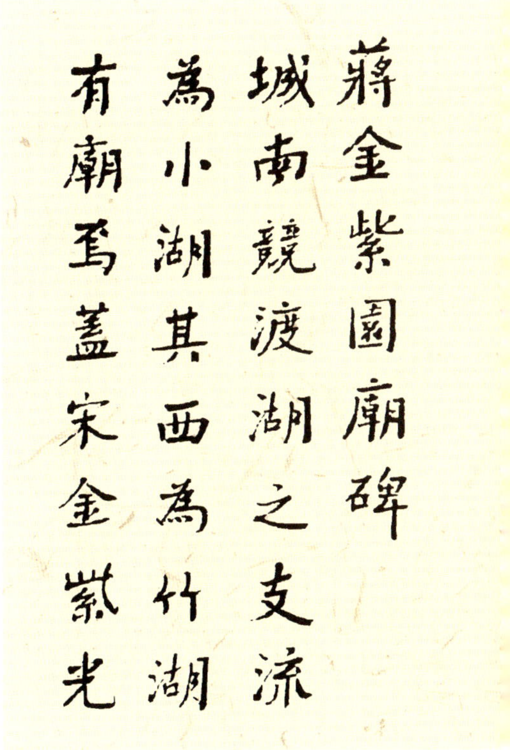

蔣金紫園廟碑
城南競渡湖之支流
為小湖其西為竹湖
有廟焉蓋宋金紫光

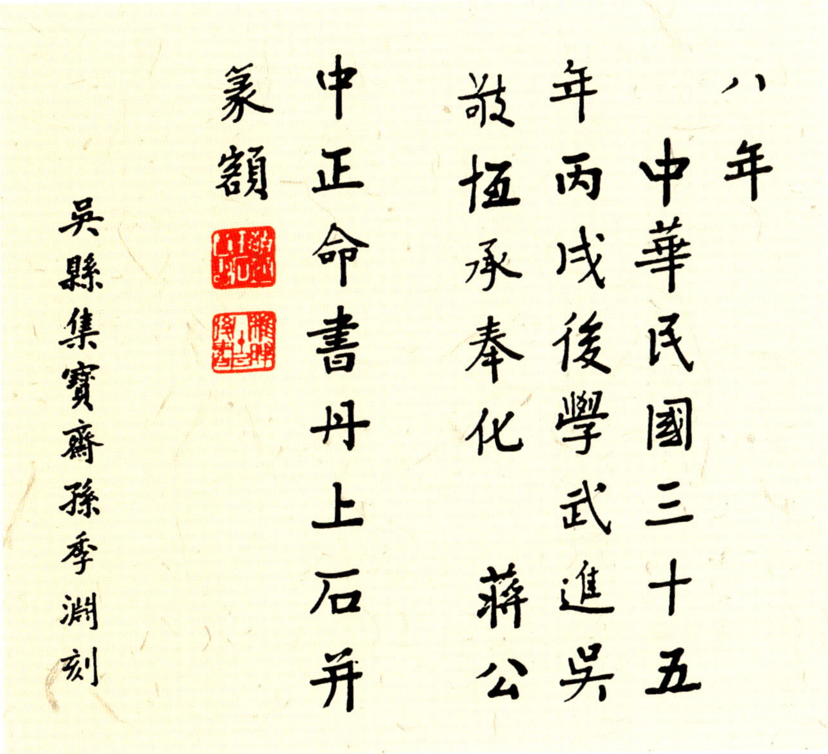

八年
中華民國三十五
年丙戌後學武進吳
敬恆承奉化 蔣公
中正命書丹上石并
篆額
吳縣集寶齋孫季淵刻

吴敬恒书《蒋金紫园庙碑》。蒋金紫即蒋介石宋代先祖蒋浚明，朝廷赠他『金紫光禄大夫』。此碑在1945年夏由吴敬恒书丹，1948年2月蒋经国亲往宁波庙中立碑。（此为片段）

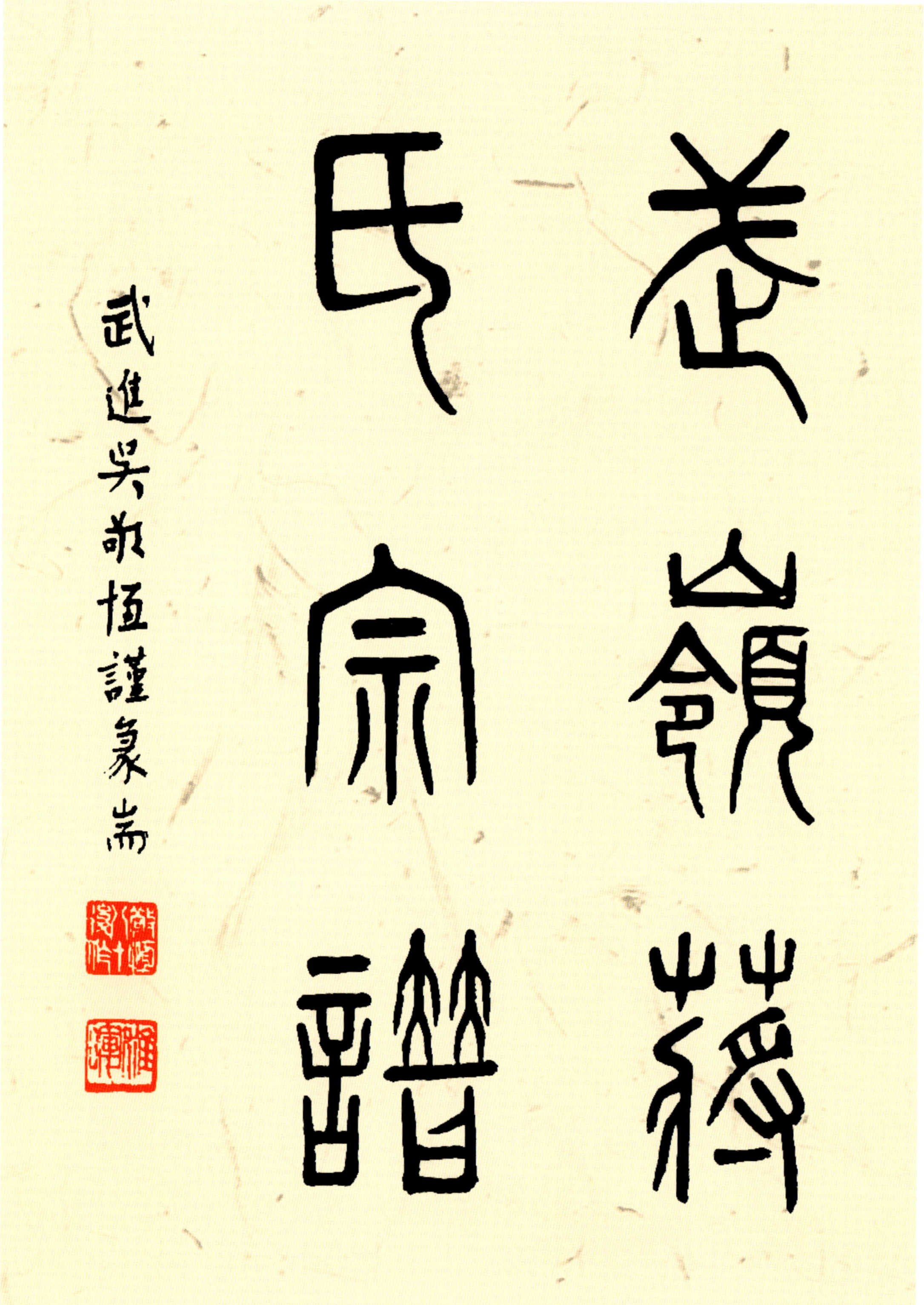

1948年，吴敬恒书《武岭蒋氏宗谱》扉页。抗战胜利后，蒋介石主持溪口蒋氏修谱，延请吴敬恒为修谱总裁。

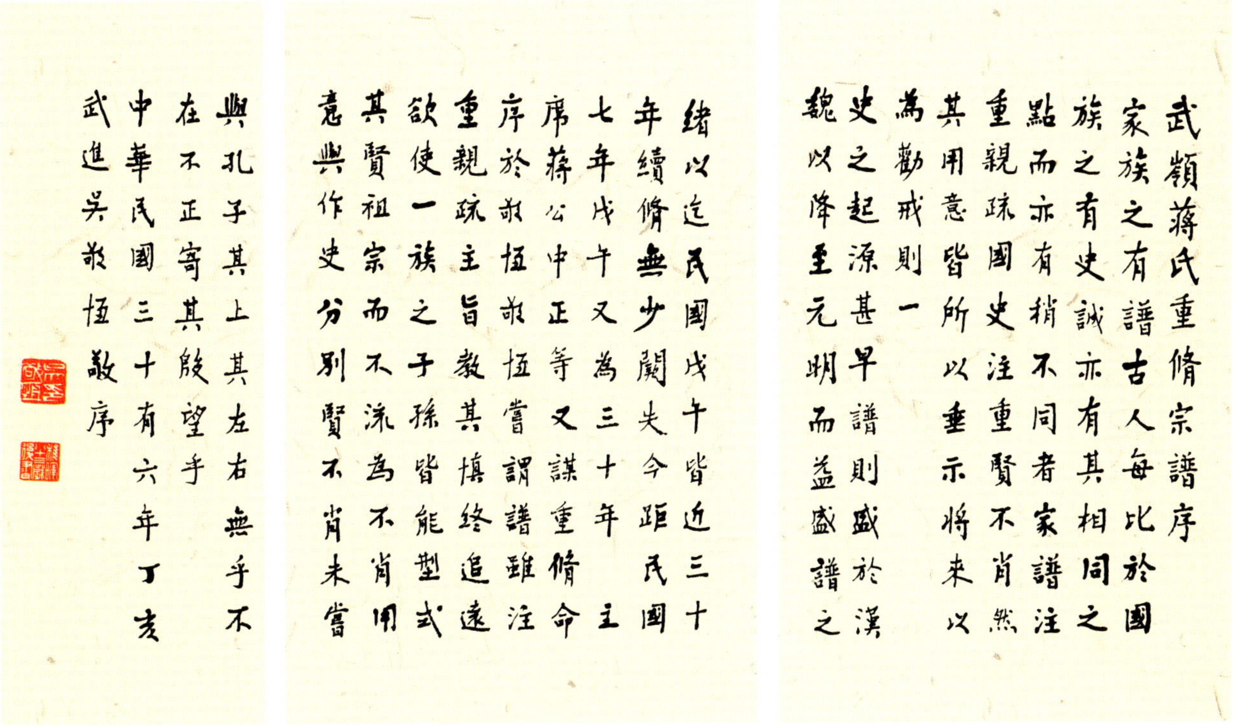
武嶺蔣氏重修宗譜序
家族之有譜古人每比於國
族之有史誠亦有其相同之
點而亦有稍不同者家譜注
重親疏國史注重賢不肖然
其用意皆所以垂示將來以
為勸戒則一
史之起源甚早譜則盛於漢
魏以降至元明而益盛譜之
緒以迄民國戊午皆近三十
年續修無少闕失今距民國
七年戊午又為三十年主
席蔣公中正等又謀重修命
序於敬恆敬恆嘗謂譜雖注
重親疏主旨教其慎終追遠
欲使一族之子孫皆能型式
其賢祖宗而不流為不肖用
意與作史分別賢不肖未嘗
與孔子其上其左右無乎不
在不正寄其殷望乎
中華民國三十有六年丁亥
武進吳敬恆敬序

吴敬恒书《武岭蒋氏重修宗谱序》（片段）

報本堂
民國第一戊子
吳敬恆敬題

吴敬恒题蒋氏故居丰镐房『报本堂』堂额

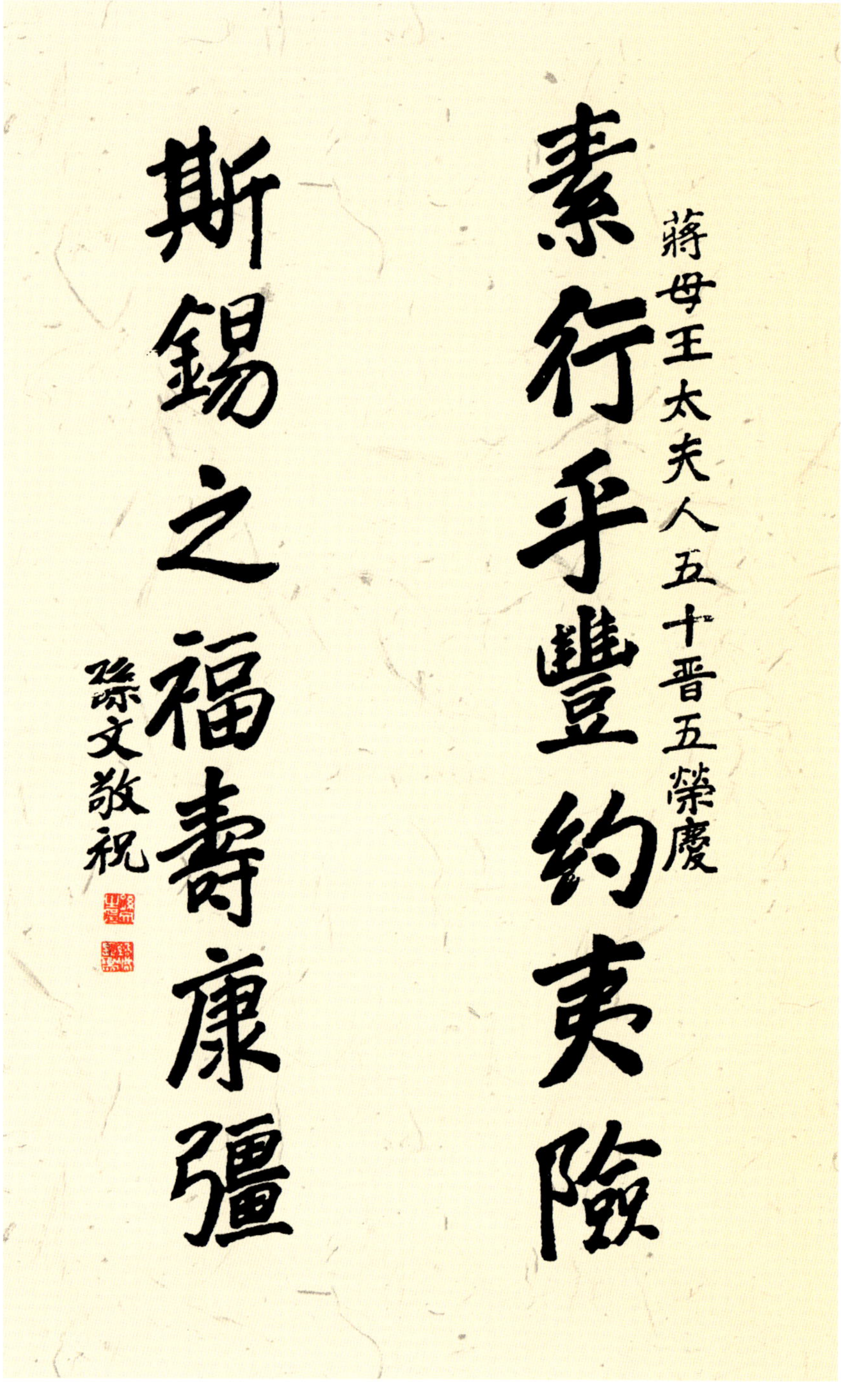
蔣母王太夫人五十晋五榮慶
素行乎豐約夷險
斯錫之福壽康彊
孫文敬祝

孙中山为蒋母王采玉五十五岁寿庆题词

孙文之印

孙中山（1866—1925），名文，号逸仙，广东香山县（今中山市）人，中国民主革命的先行者。曾任中国同盟会总理、中华民国临时大总统、中华革命党总理、广州军政府大元帅、大本营陆海空军大元帅、中国国民党总理等职。

蒋母王太夫人慈菴千古
慈雲普蔭
孫文敬題

1923年，蒋母六十冥寿，蒋介石建其墓庐曰慈庵，孙中山特为之题词。

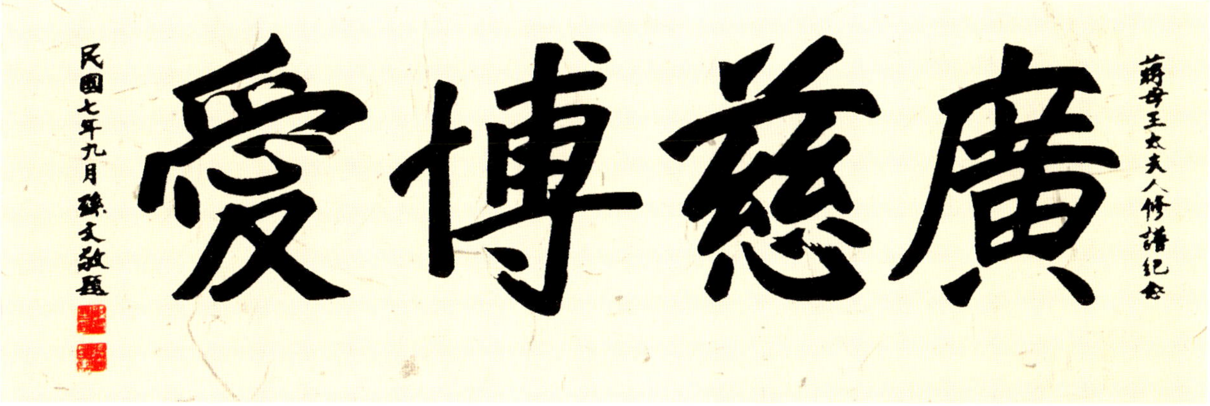
蒋母王太夫人修譜紀念
廣慈博愛
民國七年九月孫文敬題

1917年11月，蒋介石被孙中山任命为大元帅府参军，成为孙的军事助手。1918年9月，蒋被委任为援闽粤军第二支队司令官，转战福建。同年溪口蒋氏纂修宗谱，孙中山为蒋母亲题『广慈博爱』匾额。此匾历经劫难，最终被溪口博物馆从民间征集而得。

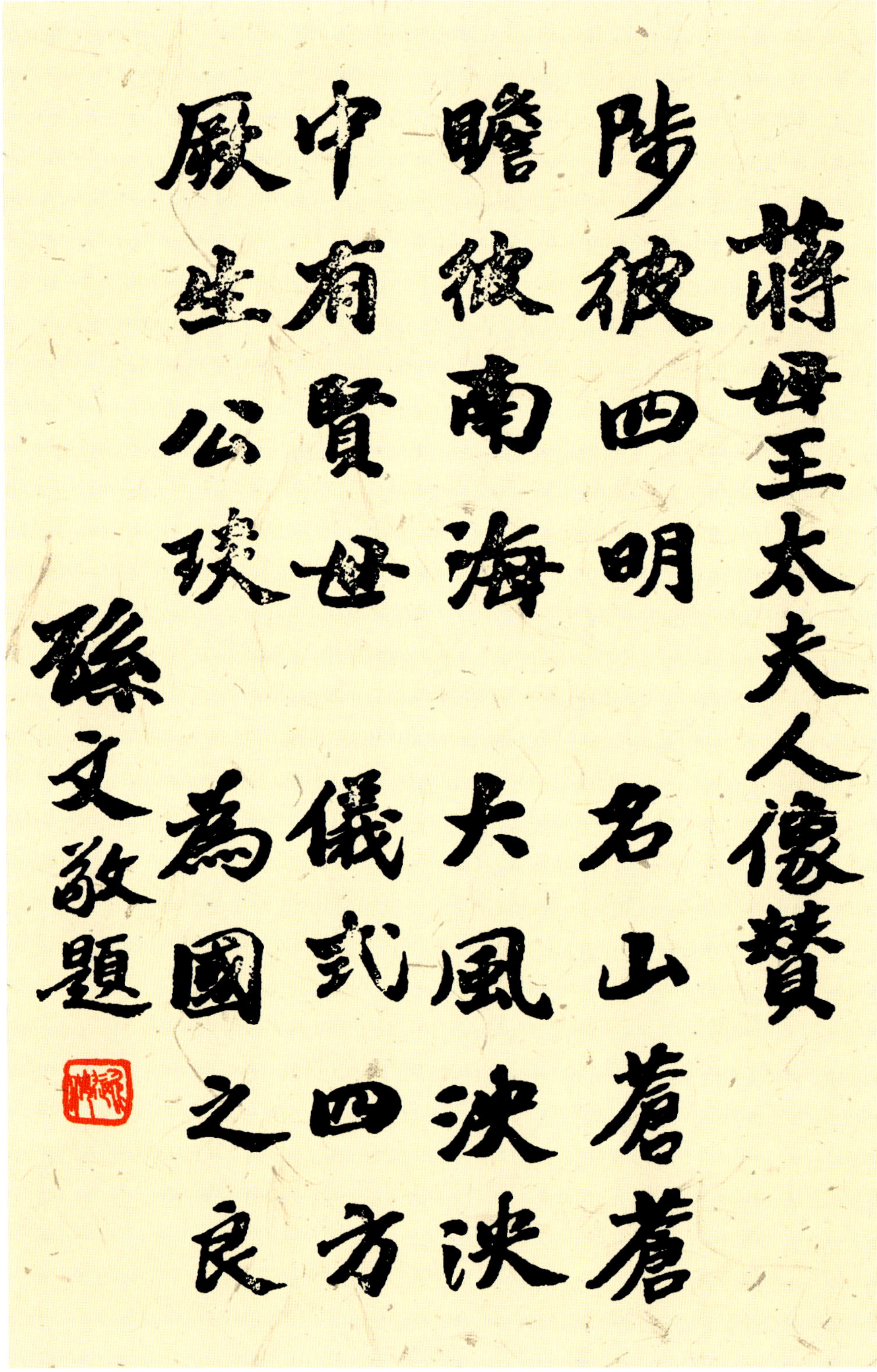

孙中山为蒋母王采玉所题的像赞。其字庄重流畅、柔中带刚，颇具魏碑博大沉毅之风。他笔端所言的四明名山雪窦山，如今已是国家级风景名胜区、国家5A级旅游景区。

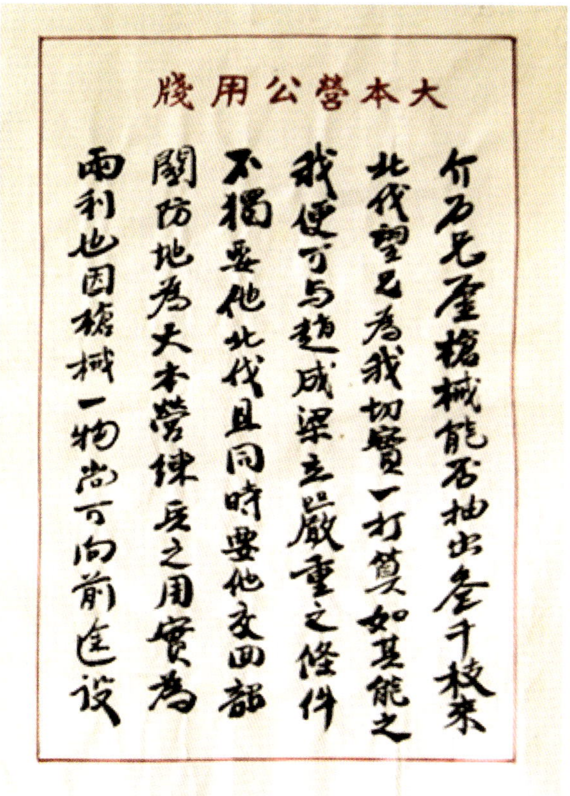

大本營公用牋

介石兄鑒：槍械能否抽出叁千枝來北伐，望兄為我切實一打算，如其能之，我便可與趙成梁立嚴重之條件，不獨要他北伐，且同時要他交回韶關防地為大本營練兵之用，實為兩利也。因槍械一物，尚可向前途設

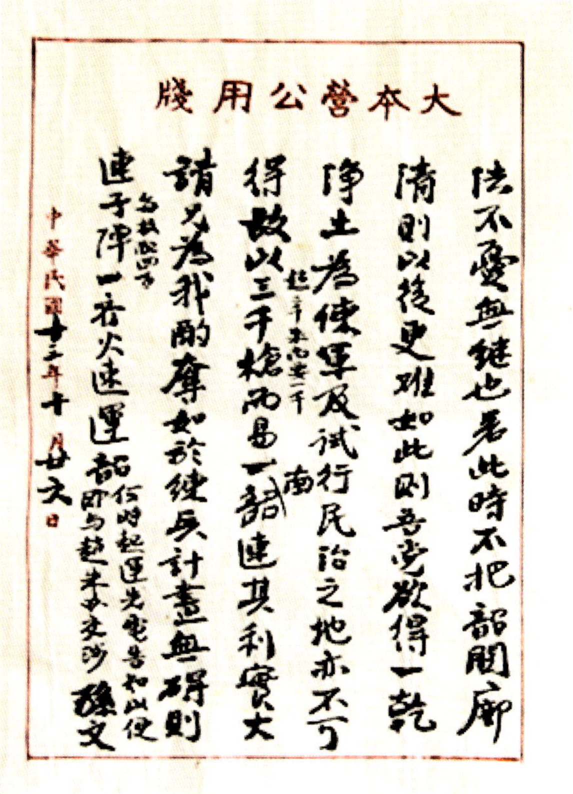

大本營公用牋

法，不憂無繼也。若此時不把韶關廓清，則以後更難，如此則吾黨欲得一乾淨土為練軍及試行民治之地亦不可得。故以三千槍而易一韶，（此三千枝內要一千南）其利實大。請兄為我酌奪，如於練兵計畫無碍，則速予俾一枝（每枝配四百）火速運韶，（何時起運先電告仲愷使即與趙參謀交涉）孫文

中華民國十三年十月廿六日

1924年9月18日，孙中山发表《北伐宣言》，移师粤北重镇韶关，举行北伐誓师典礼，并把韶关作为练兵及试行民治之地。这是10月26日孙中山致蒋介石信函，筹划北伐事宜，要求蒋调出3000条枪支，为北伐作准备。

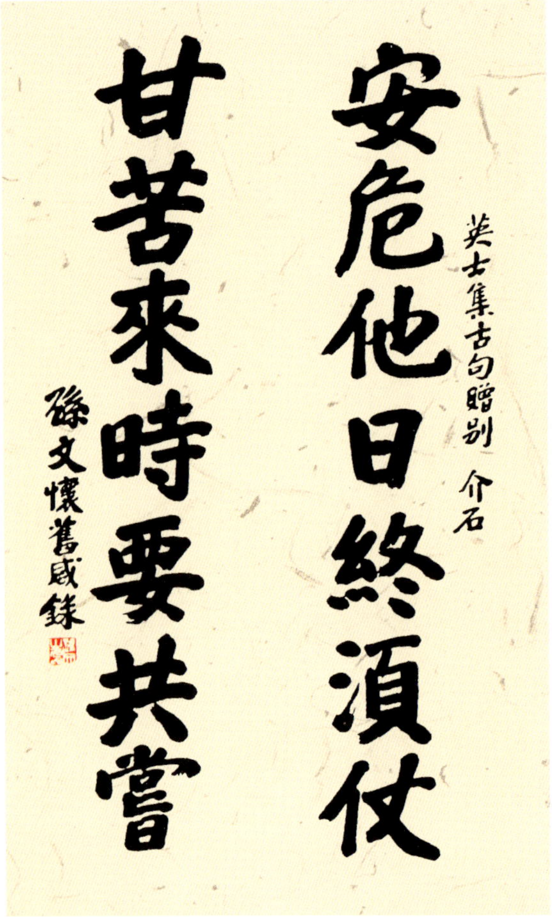

孙中山赠蒋介石立轴（三幅）

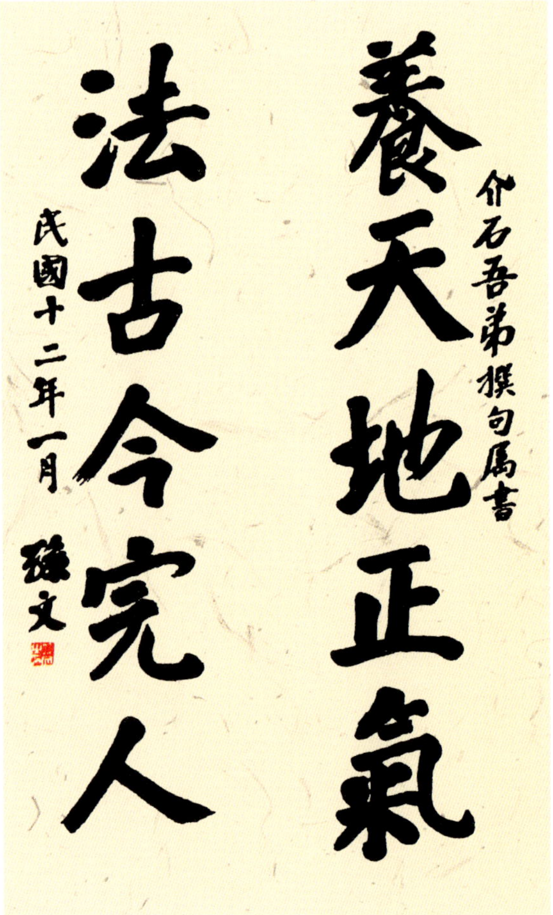

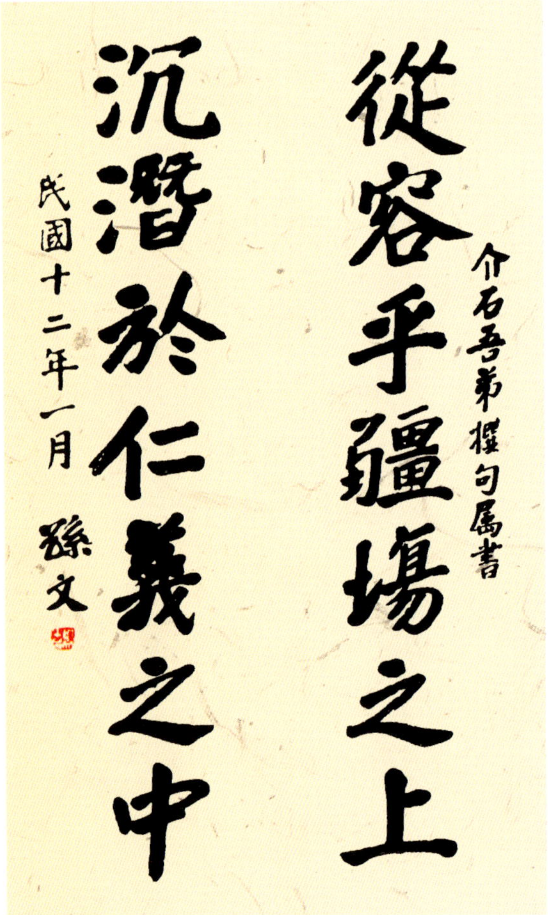

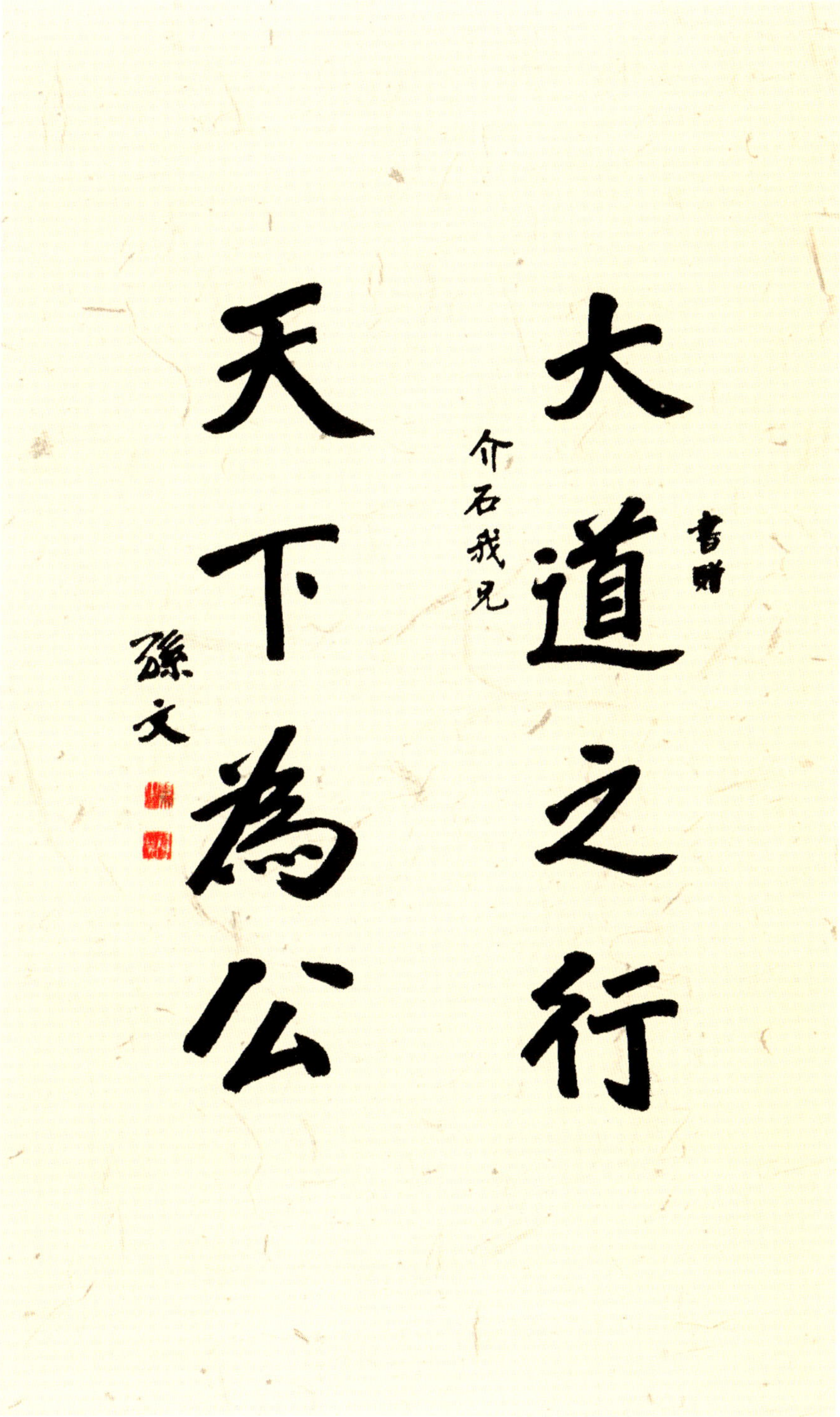

孙中山题赠蒋介石

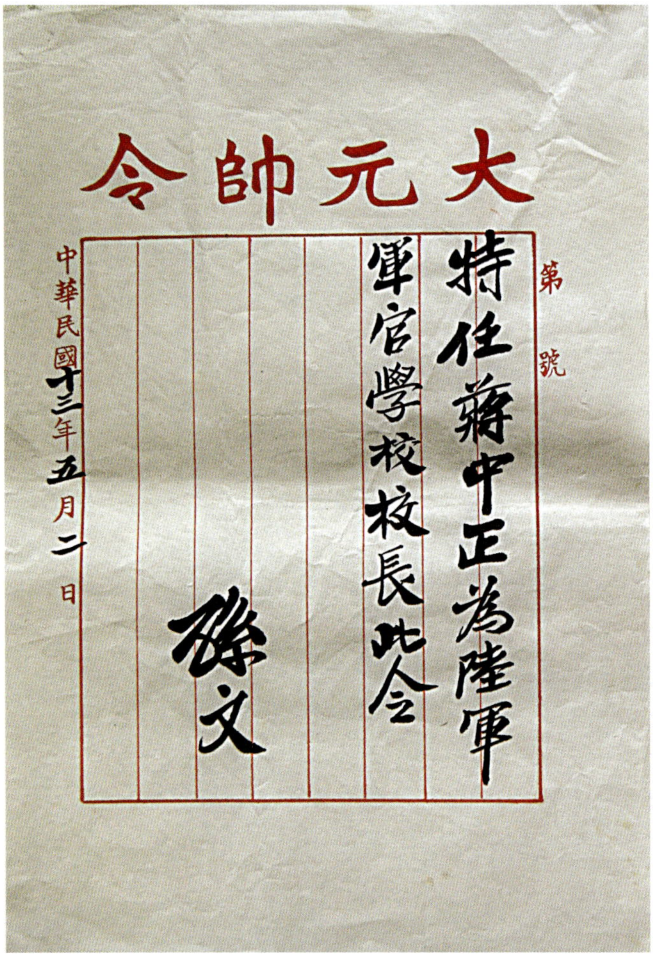
大元帥令

第　號

特任蔣中正為陸軍軍官學校校長此令

孫文

中華民國十三年五月二日

1924年5月2日，孙中山签发大元帅令，委任蒋介石为陆军军官学校即黄埔军校校长。

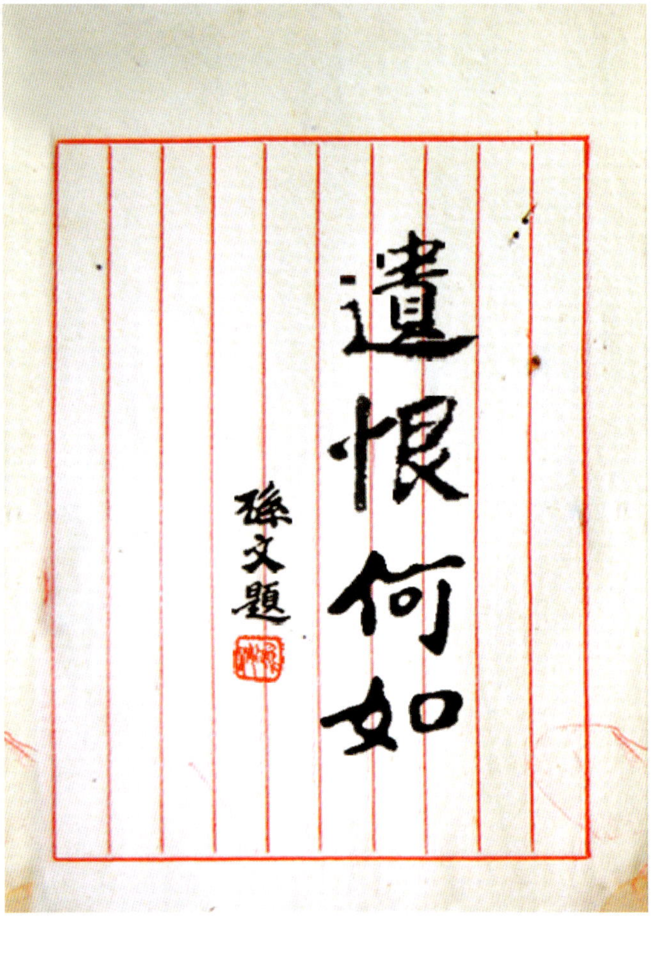
遺恨何如

孫文題

孙中山为蒋介石老师毛思诚次子毛葆节因公劳累病故题词。毛葆节肄业于黄埔军校，曾任广东惠安财政委员，还参加过东征。黄埔军校为这位青年才俊举行追悼会时，孙大元帅亲自主祭，黄埔军校校长蒋介石等数千人参加。

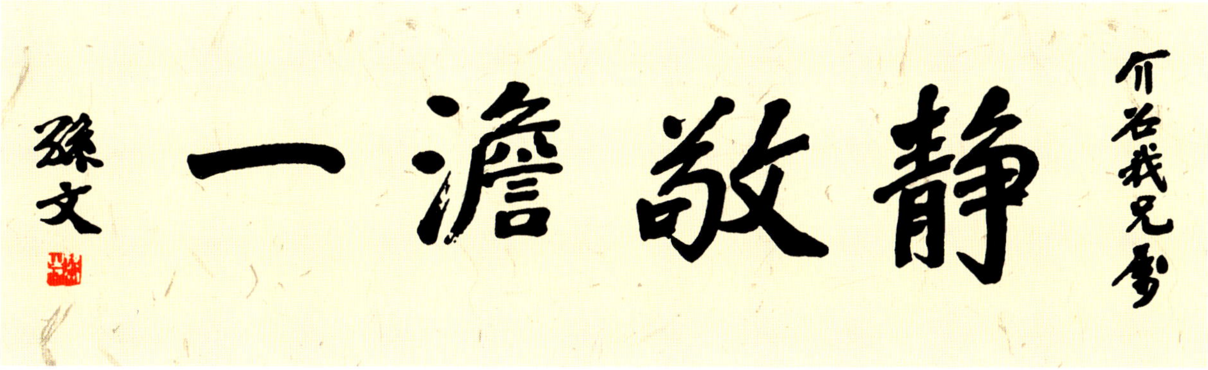

孙中山应邀为蒋题词

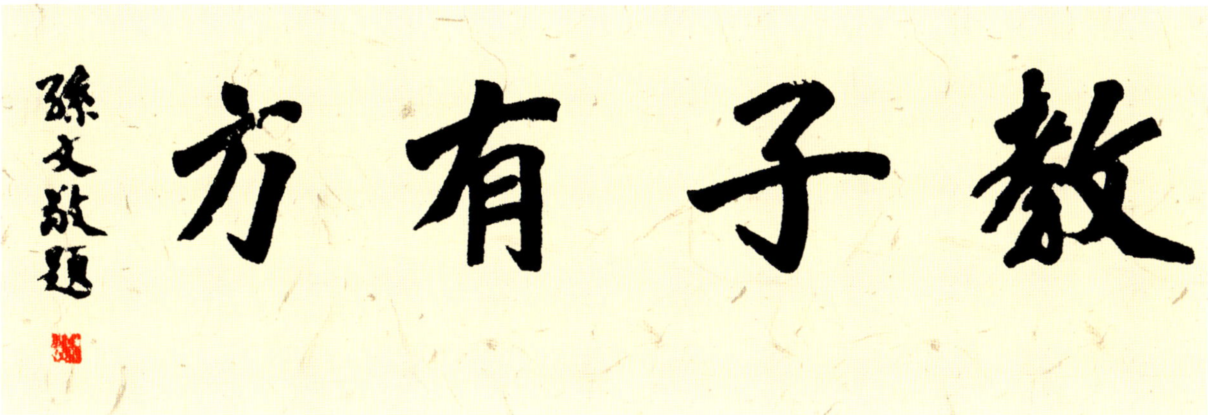

孙中山题赞蒋母王采玉

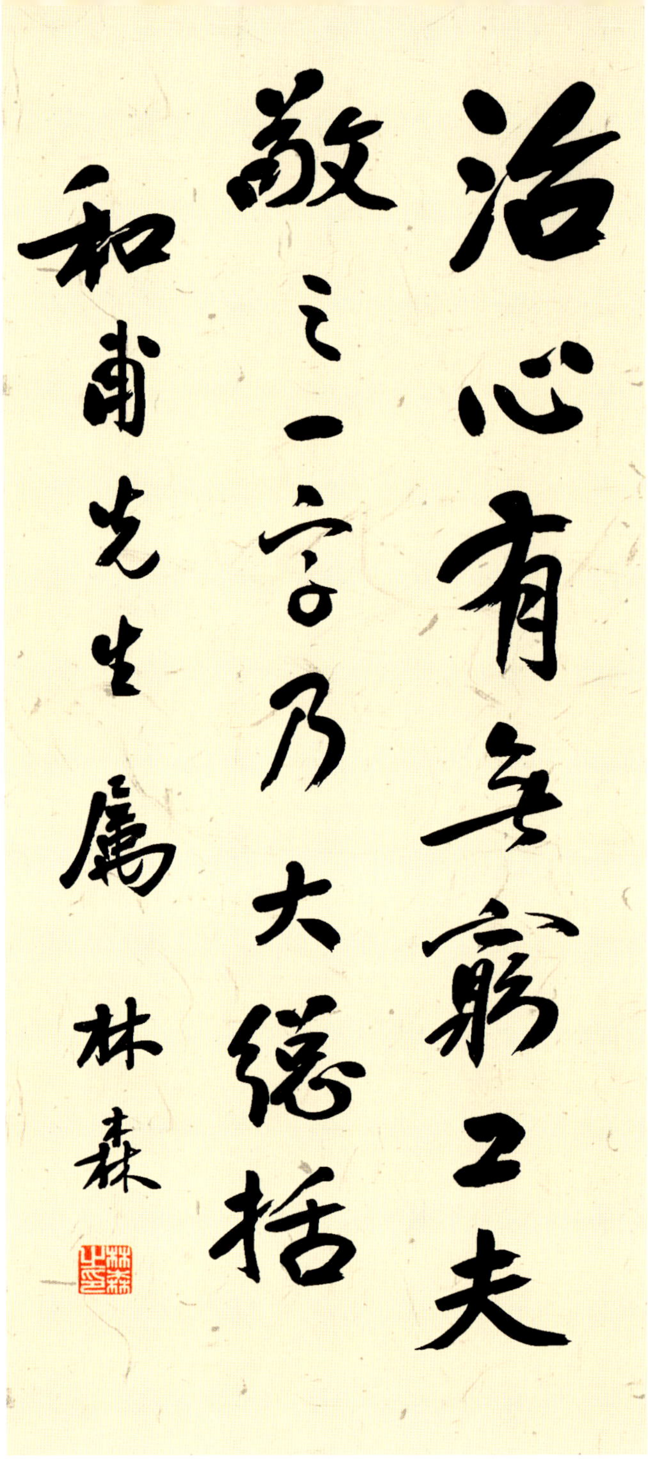

溪口博物馆收藏的林森手迹

林森

林森（1868—1943），字子超，号长仁，福建闽侯人。国民党元老，曾任中华民国临时参议院议长，立法院副院长、院长，国民政府代主席、主席等职。

佛國有緣

1937年，林森为溪口柏坑寺隆安法师寿庆题『佛国有缘』。

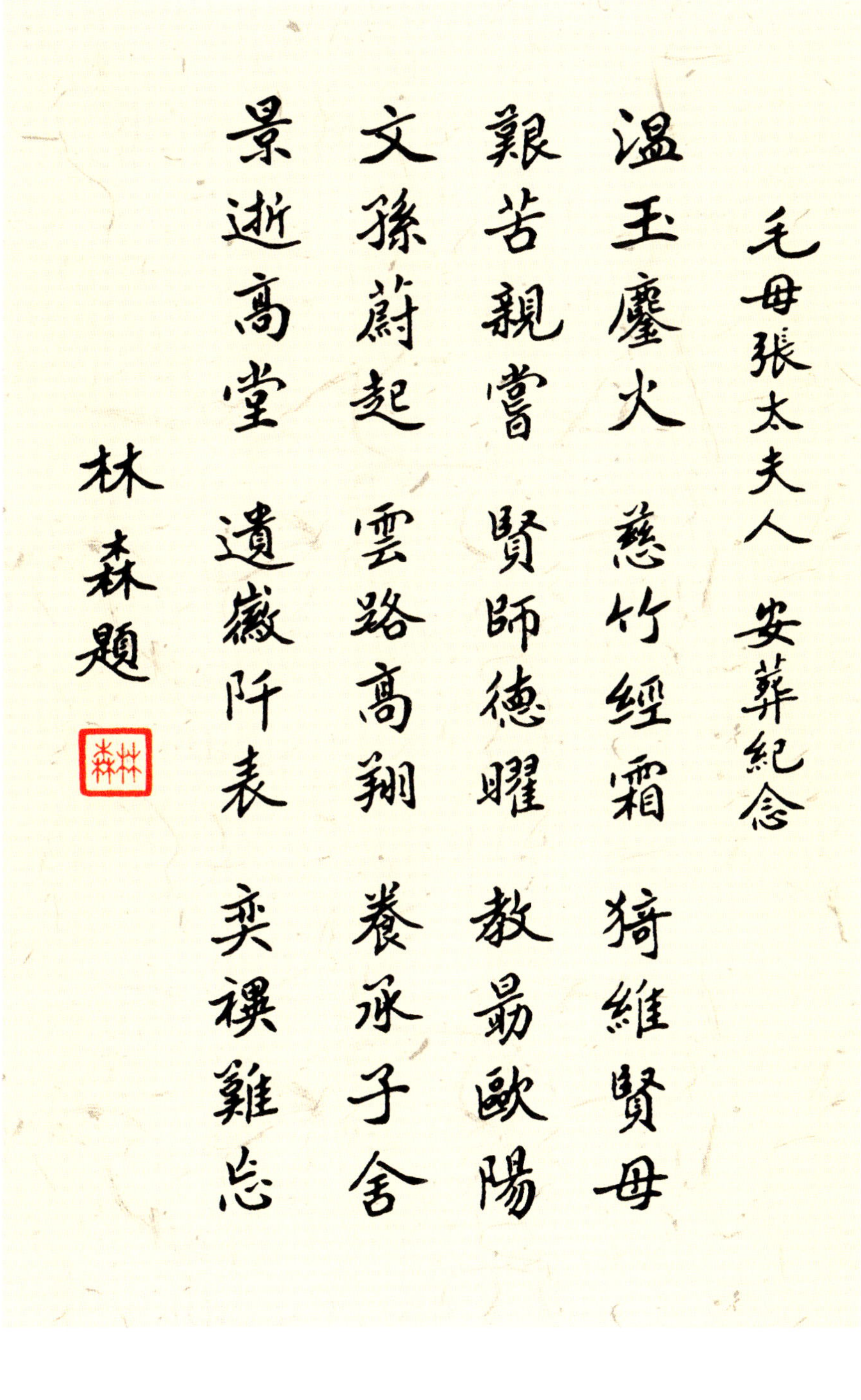
毛母張太夫人 安葬紀念
温玉鑾火 慈竹經霜 猗維賢母
艱苦親嘗 賢師德曜 教勗歐陽
文孫蔚起 雲路高翔 養承子舍
景逝高堂 遺徽阡表 奕禩難忘
林森題

林森为毛邦初母亲张太夫人安葬题词。毛邦初为蒋介石元配夫人毛福梅族侄孙，国民党空军的奠基人之一，抗战时期任空军总指挥部副总指挥。1946年6月任空军总司令部副司令。

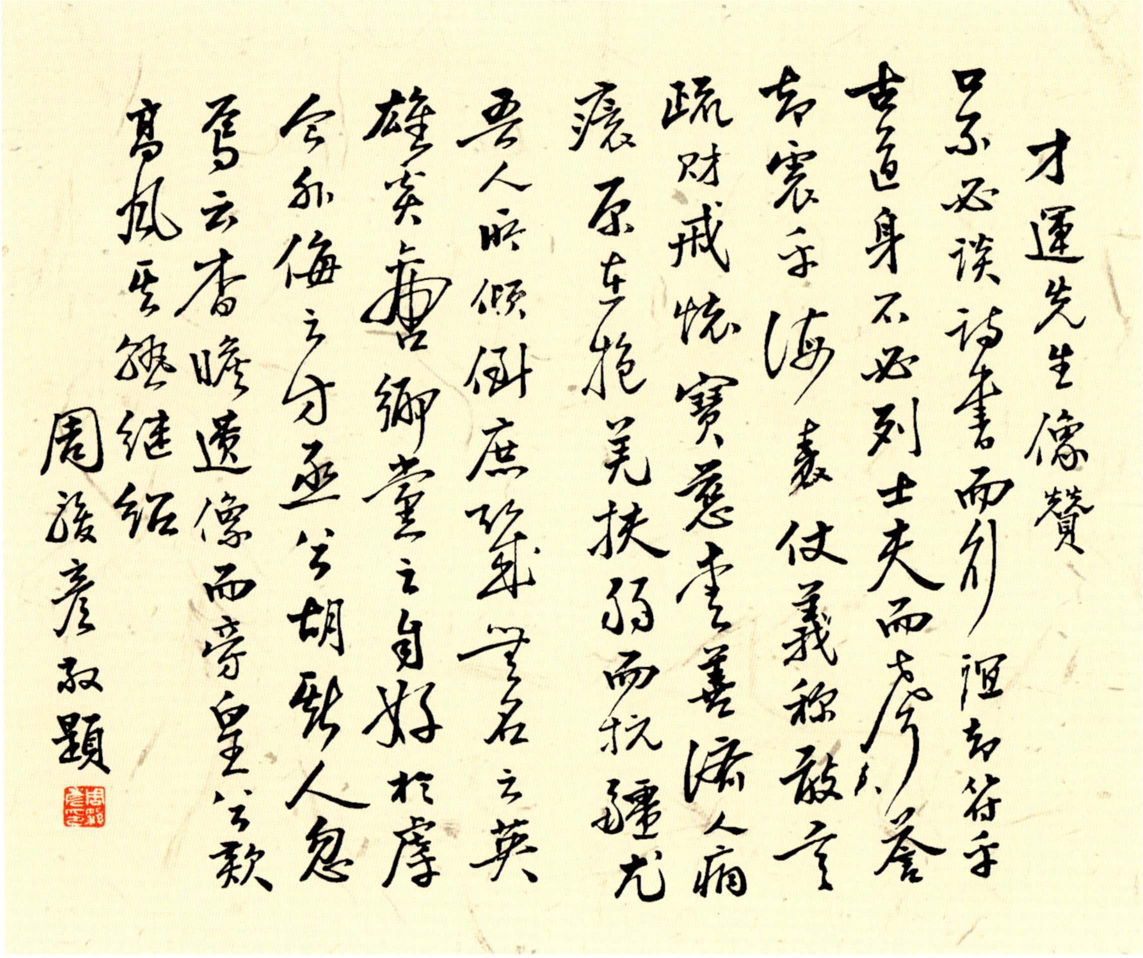

周骏彦题奉化籍实业家王才运像赞

周骏彦印

周骏彦（1872–1940），别字枕琴，世居浙江奉化北门。日本警监学校、东京政法大学毕业。周骏彦是蒋的10多位老师中最受重用的一位，从1906年蒋介石到龙津学堂读书开始，直到其于1940在重庆（当时属四川）去世，与蒋介石共患难，同荣辱。周在蒋的幕下曾任黄埔军校军需部主任、中将军需署长。

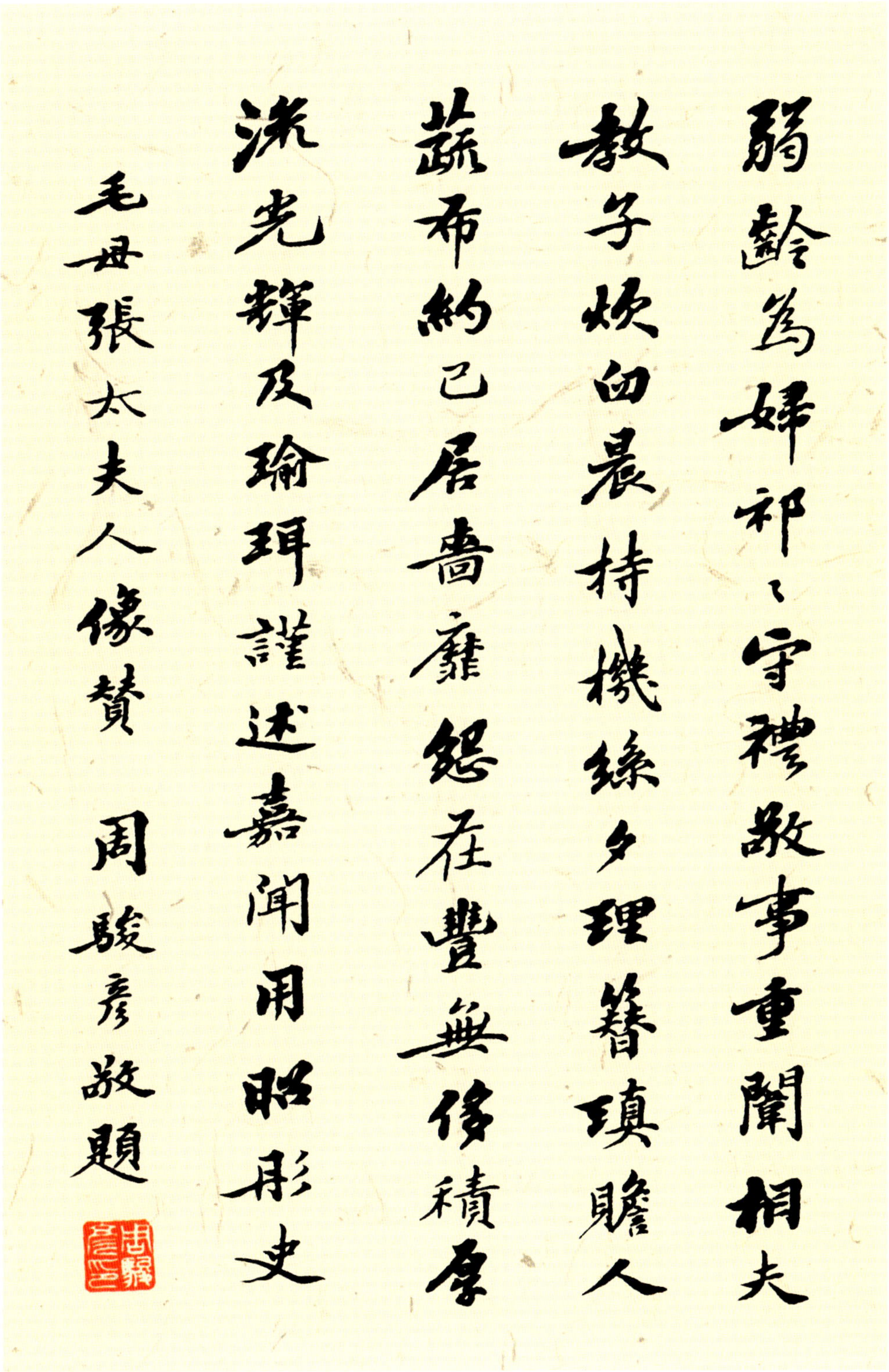
弱齡為婦祁々守禮敬事重闈相夫
教子炊臼晨持機絲夕理簪瑱瞻人
蔬布約己居嗇靡怨在豐無侈積厚
流光輝及瑜珥謹述嘉聞用昭彤史
毛母張太夫人像贊
周駿彦敬題
周骏彦题毛邦初母亲张太夫人像赞

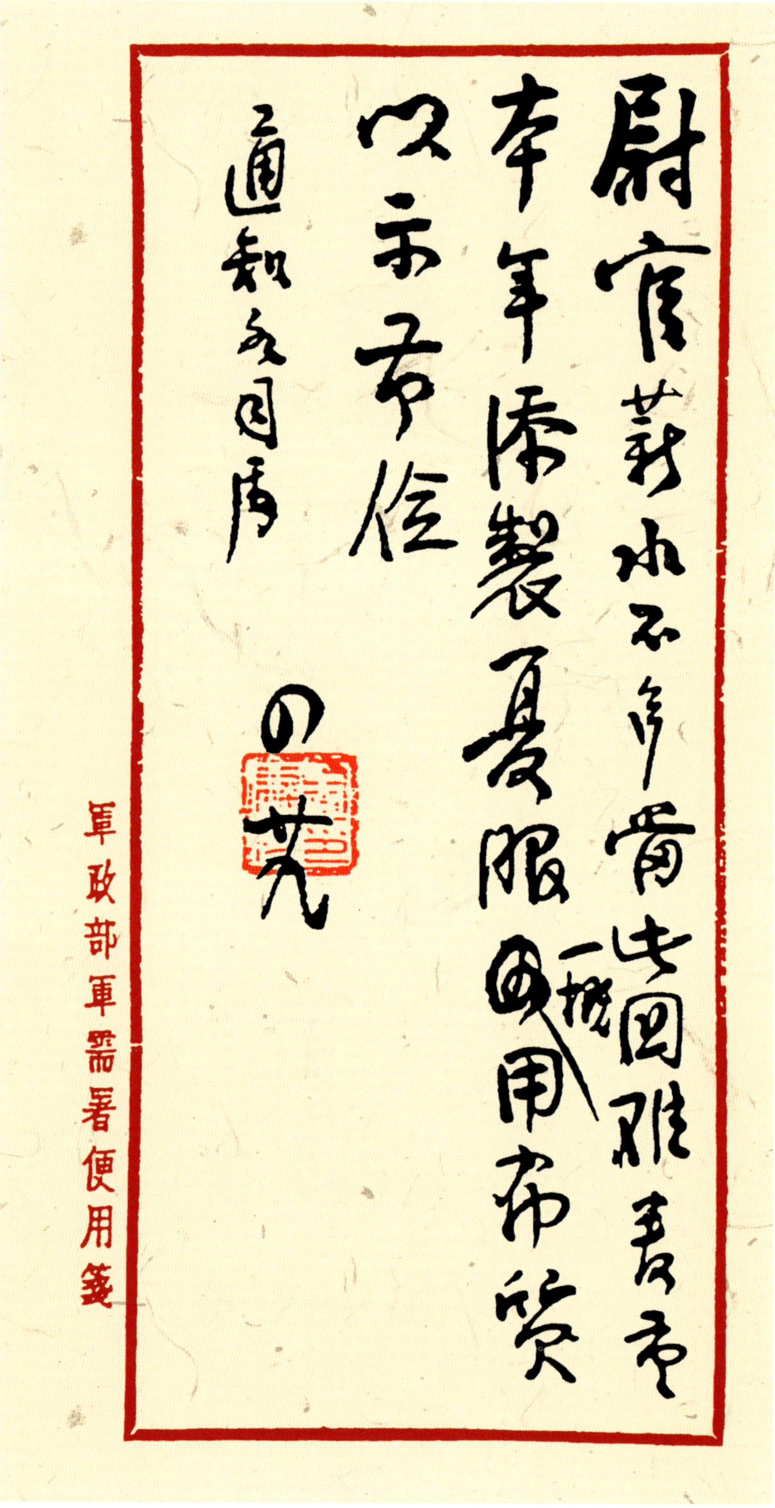
尉官薪水不多，皆因难責令
本年添製夏服一概用布質
以示节俭
通知各處
周

軍政部軍需署便用箋

抗战时期，作为国民政府军政部军需署署长的周骏彦之函件手迹。抗战军兴，所需物资剧增，周骏彦向军需部门发出一项节俭指令：降低尉官夏服品质，一概改用布质。

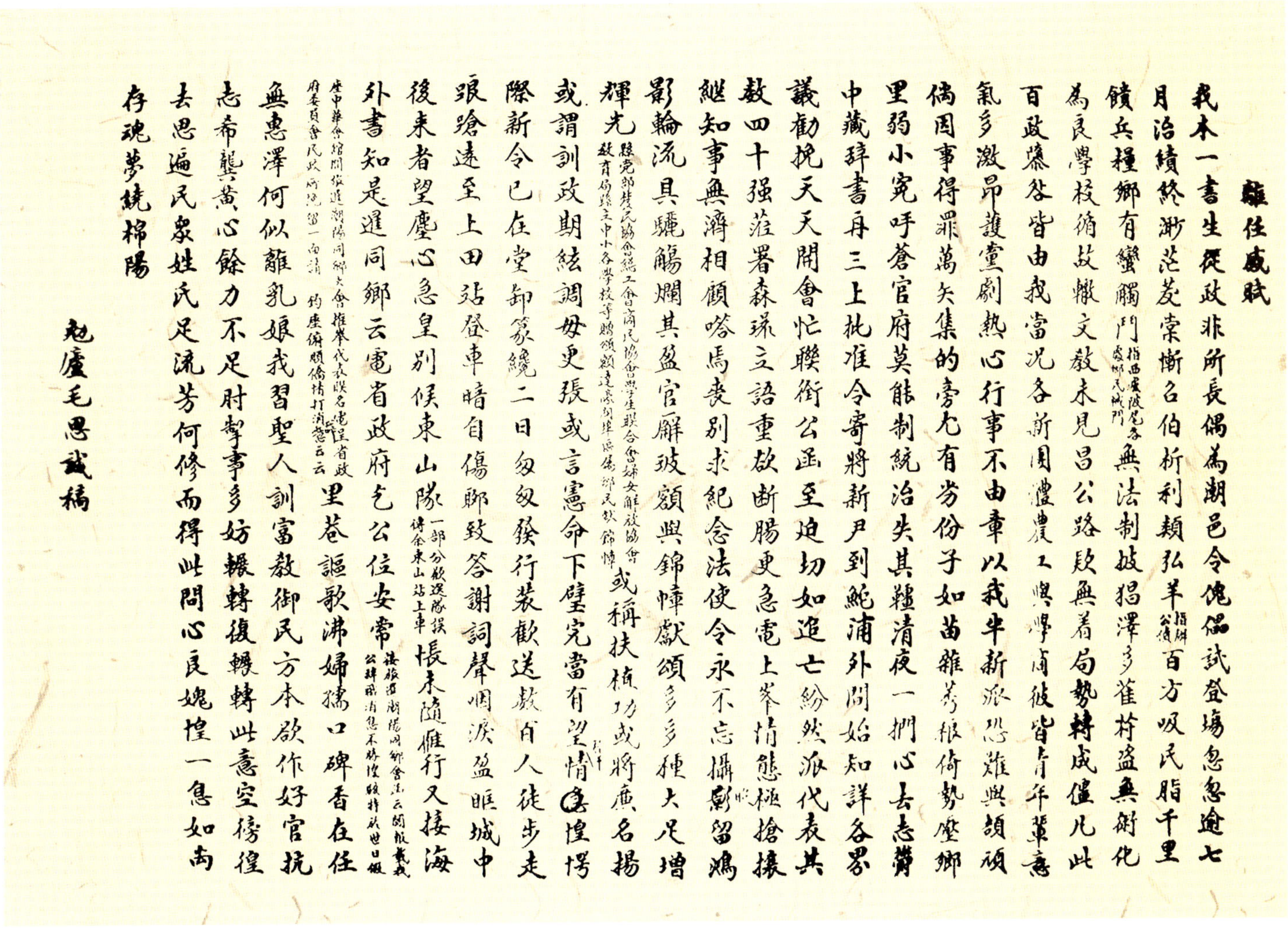

離任感賦

我本一書生從政非所長偶為潮邑令傀儡試登場怱怱逾七月治績終渺茫茇棠慚召伯析利類弘羊（指陳公侠）百方吸民脂千里饋兵糧鄉有蠻觸鬥（指西廣陂等處鄉民械鬥）無法制披猖澤多萑苻盜無術化為良學校脩故轍文教未見昌公路敗無着局勢轉成僵凡此百政廢咎皆由我當況各新團體農工與學商彼皆青年輩意氣多激昂護黨劇熱心行事不由章以我半新派恐難與頡頏偶因事得罪萬矢集的旁尤有劣份子如苗雜莠稂倚勢壓鄉里弱小冤呼蒼官府莫能制統治失其綱清夜一捫心去志贊中藏辞書再三上批准令寄將新尹到鮀浦外間始知詳各界議勸挽天天開會忙聯銜公函至迫切如追亡紛然派代表其數四十強莊署森琅文語重欲斷腸更急電上峯情態極搶攘繼知事無濟相顧嗒焉喪別求紀念法使令永不忘攝影留鴻影輪流具驪觴爛其盈官廨玻額與錦幛獻頌多多種大足增輝光（縣党部婦女協會總工會商民協會學生聯合會婦女解放協會教育局縣立中小各學校等贈頌額遠處鄉民獻錦幛）或稱扶植功或將廉名揚或謂訓政期絃調毋更張或言憲命下璧完當有望情急倉惶愕際新令已在堂卸篆纔二日匆匆發行裝歡送數百人徒步走踉蹌遠至上田站登車暗自傷鄉致答謝詞聲咽淚盈眶城中後來者望塵心急皇別候東山隊（一部分欲送隊誤候余東山站上車）悵未隨雁行又接海外書知是暹同鄉云電省政府乞公位安常（接旅暹潮陽同鄉會函云閱報載我公辭職消息不勝惶駭特於世日假坐中華會館開旅暹潮陽同鄉大會推舉代表聯名電呈省政府委員會民政廳留一面請鈞座俯順輿情打消辭意云云）里巷謳歌沸婦孺口碑香在任無惠澤何似離乳娘我習聖人訓富教御民方本欲作好官撫志希龔黃心餘力不足肘掣事多妨輾轉復輾轉此意空彷徨去思遍民眾姓氏足流芳何修而得此問心良愧惶一息如尚存魂夢繞棉陽

勉廬毛思誠稿

1926年冬，毛思诚离任广东潮阳县县长感赋。

毛思诚（1873–1939），原名裕称，字采余，号勉庐，奉化剡源乡岩头村（今属溪口镇）人。1902年为蒋介石老师。1925年4月，任黄埔军校秘书处少校秘书。1927年后，曾任国民革命军总司令部中校秘书、总司令办公厅文书科上校科长、总司令部副官处文书科上校科长（少将待遇）、国民政府主席办公室秘书等职。七七事变后养老归里。

恭輓孫總理

天縱中華一偉人，堂堂主義創三民，眼看專制君權敵，手造共和政體新，大勇大仁扶弱族，先知先覺矯羣倫，犧牲革命尋常事，四十年來領導身。

亞洲文化旭朝曦，人物中心更是誰，行易知難新學說，先憂後樂素襟期，那容階級成爭鬭，肯與官僚為詭隨，四百兆民尊國父，東洋史上發光奇。

毛思诚题孙中山挽诗

哭廖黨代表仲愷先生（八月二十日先生赴中央執行委員會常會，死於刺客）

雲霄無路避弓矯，太息摶風北海鵬，千里黃塵昏越嶠，三年碧血化萇宏（許翁門偕次刺死之。），生無私怨偏遭毒，死有公仇為忌能，盜殺元衡非細事，幾番看劍恨填膺。

一擊禁門喋血時，無人不歎負冤奇，甘陵黨役推荀昱，於越謀臣重范蠡，領袖農工國解放，網羅英少策安危，生平無限經綸事，拋卻中途付與誰。

毛思诚题廖仲恺挽诗

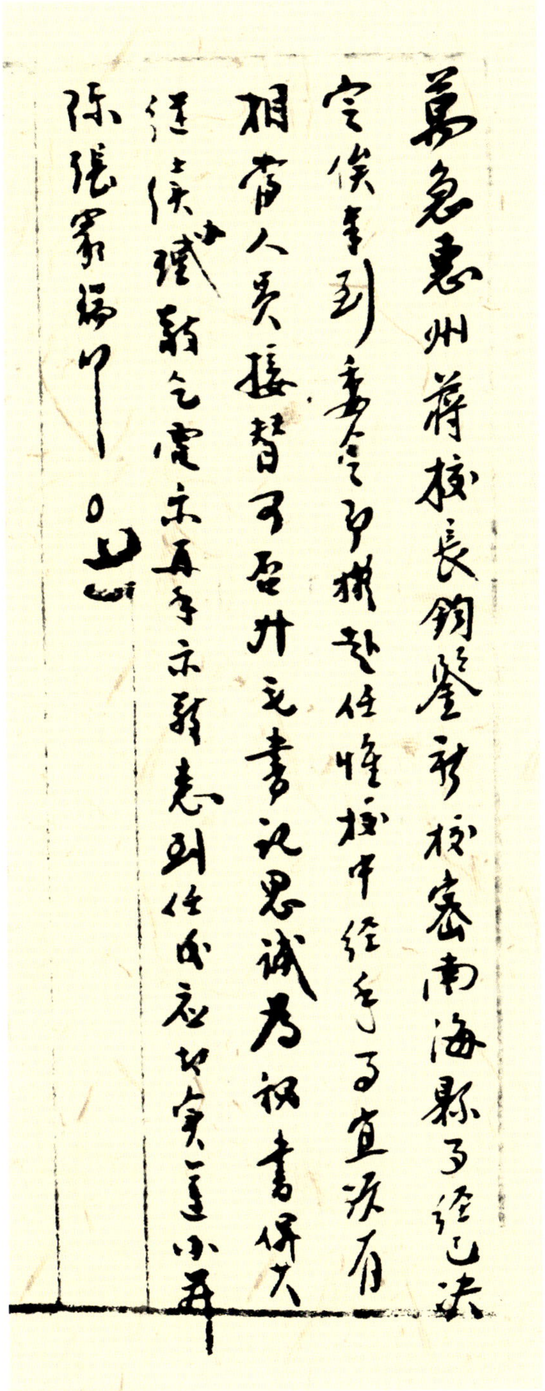

张家瑞致蒋介石信函

张家瑞（1873—1957），浙江奉化剡界岭（今属新昌）人。清末秀才。1903年入奉化凤麓学堂任教，与学生蒋介石结有师生之谊。1924年1月，被孙中山任命为黄埔军校七人筹备委员会委员，参与军校筹建。曾参加东征、北伐，负责筹措军费。北伐胜利后出任两淮盐运使。1931年起离开政界，长期隐退。

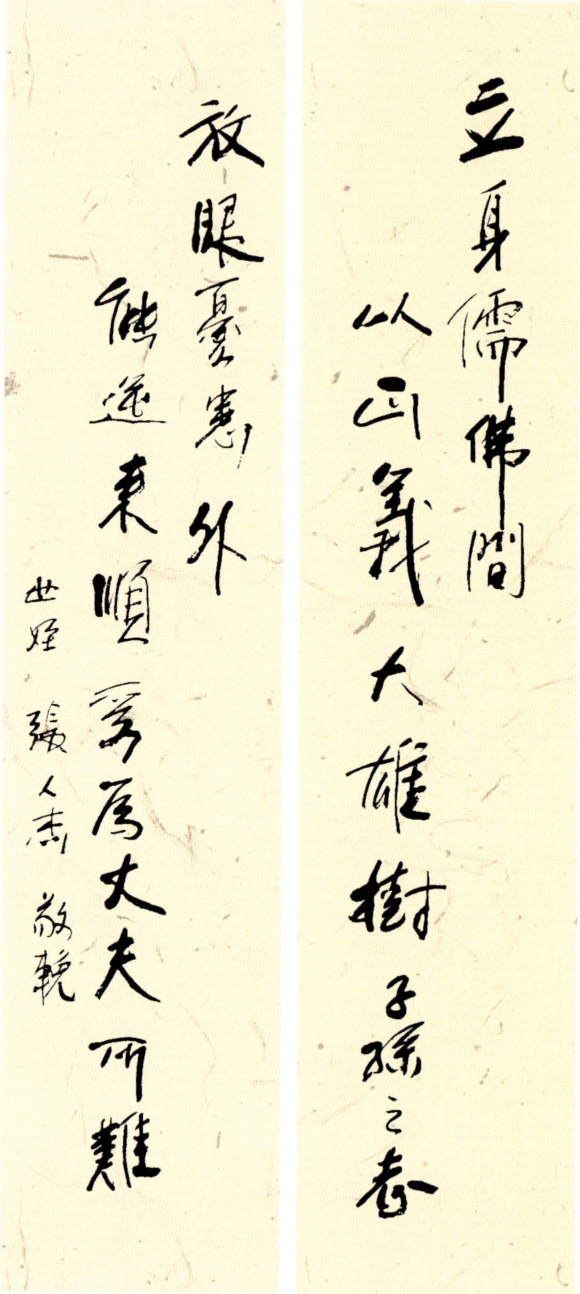

张静江题蒋母挽联

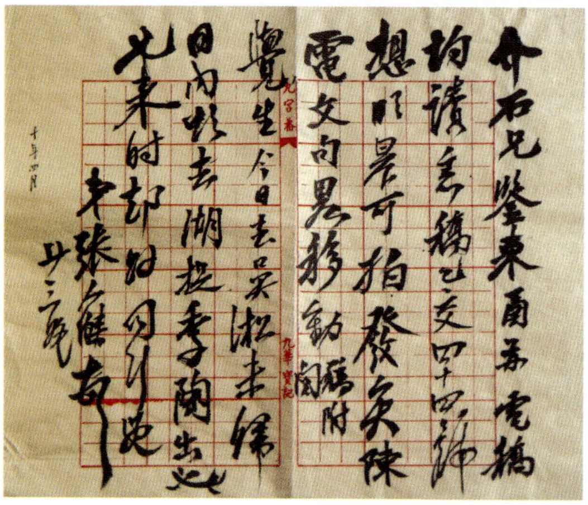

张静江致蒋介石信函

张静江（1876–1950），名人杰，字静江。浙江湖州南浔镇人，出身江南丝商巨贾之家。他的一生充满传奇色彩，在结识孙中山先生后便开始对孙中山先生给予经济上的支持，孙中山先生称他为『革命圣人』。后蒋介石建立南京国民政府，其主持建设委员会工作，蒋介石称他为『革命导师』。晚年逐渐淡出政治舞台，转而信佛，故又名『卧禅』，佛名『智杰』。

蒋介石撰、张静江书蒋母墓前对联

居正赠奉化竺培基对联，现收藏于溪口博物馆。

居正（1876—1951），字觉生，湖北广济（今武穴）人。曾任中华民国南京临时政府内务部次长、代理部长，广州军政府内务部部长，南京国民政府司法院副院长、代理院长兼最高法院院长、司法院院长等职。

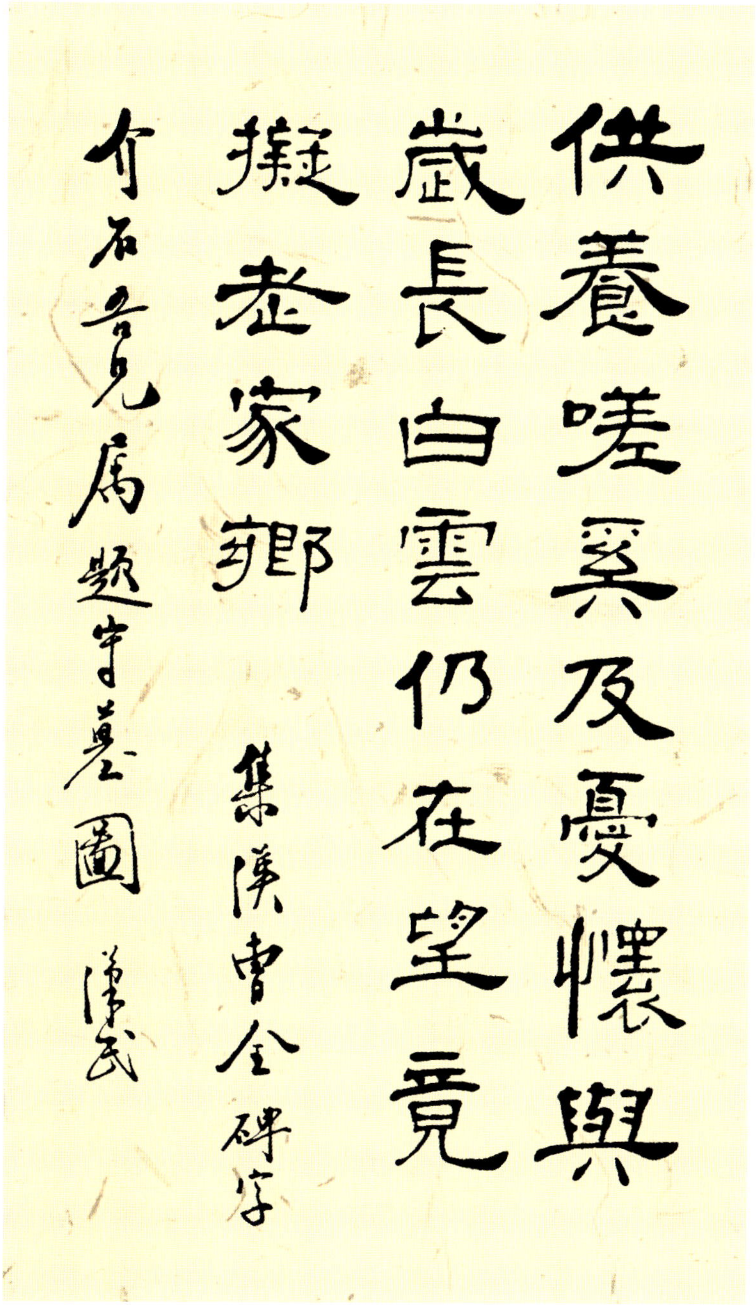
供養嗟奚及憂懷與
歲長白雲仍在望竟
擬老家鄉
集漢曹全碑字
介石吾兄屬題守墓圖 漢民

胡汉民为蒋介石题守墓诗

胡汉民印

胡汉民（1879—1936），原名衍鸿，字展堂，号不匮室主，广东番禺人。祖籍江西吉安，中国国民党元老和早期主要领导人之一，也是国民党前期右派代表人物之一。1901年中举人。1902年、1904年两度赴日本留学，入弘文学院师范科、法政大学速成法政科。1905年9月加入中国同盟会，被推为评议部评议员，稍后又由孙中山指定任本部秘书，从此成为孙中山主要助手之一。

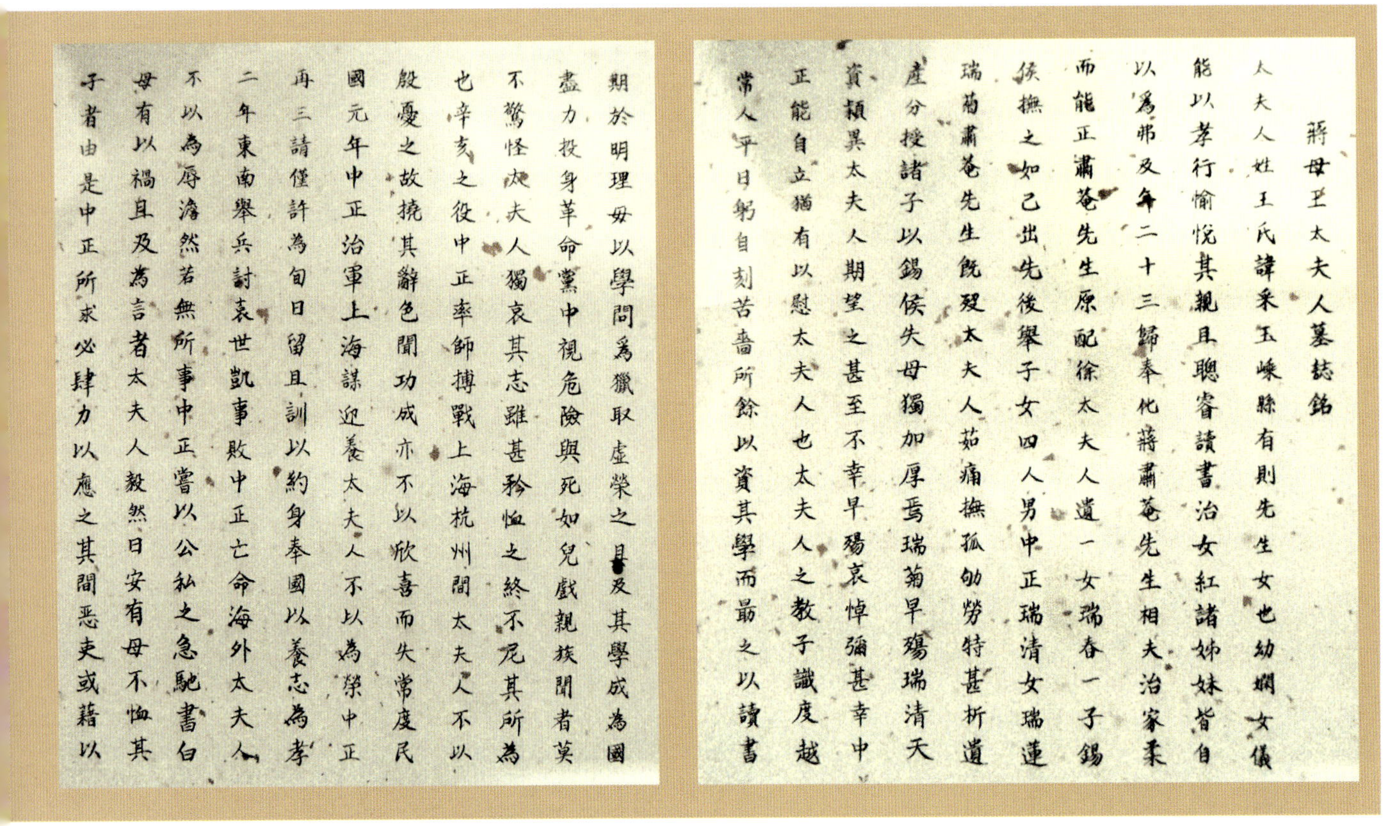

蔣母王太夫人墓誌銘

太夫人姓王氏諱采玉嵊縣有則先生女也幼嫻女儀能以孝行愉悦其親且聰睿讀書治女紅諸姊妹皆自以爲弗及年二十三歸奉化蔣肅菴先生相夫治家秉而能正肅菴先生原配徐太夫人遺一女瑞春一子錫侯撫之如己出先後舉子女四人男中正瑞清女瑞蓮瑞菊肅菴先生既殁太夫人茹痛撫孤劬勞特甚析遺產分授諸子以錫侯失母獨加厚焉瑞菊早殤瑞清天資穎異太夫人期望之甚至不幸早殤哀悼彌甚幸中正能自立猶有以慰太夫人也太夫人之教子識度越常人平日躬自刻苦嗇所餘以資其學而勗之以讀書期於明理毋以學問爲獵取虛榮之具及其學成爲國盡力投身革命黨中視危險與死如兒戲親族聞者莫不驚怪太夫人獨哀其志雖甚矜恤之終不尼其所爲也辛亥之役中正率師搏戰上海杭州間太夫人不以殷憂之故撓其辭色聞功成亦不以欣喜而失常度民國元年中正治軍上海謀迎養太夫人不以爲榮中正再三請僅許爲旬日留且訓以約身奉國以養志爲孝二年東南舉兵討袁世凱事敗中正亡命海外太夫人不以爲辱澹然若無所事中正嘗以公私之急馳書白母有以禍且及爲言者太夫人毅然曰安有母不恤其子者由是中正所求必肆力以應之其間惡吏或藉以

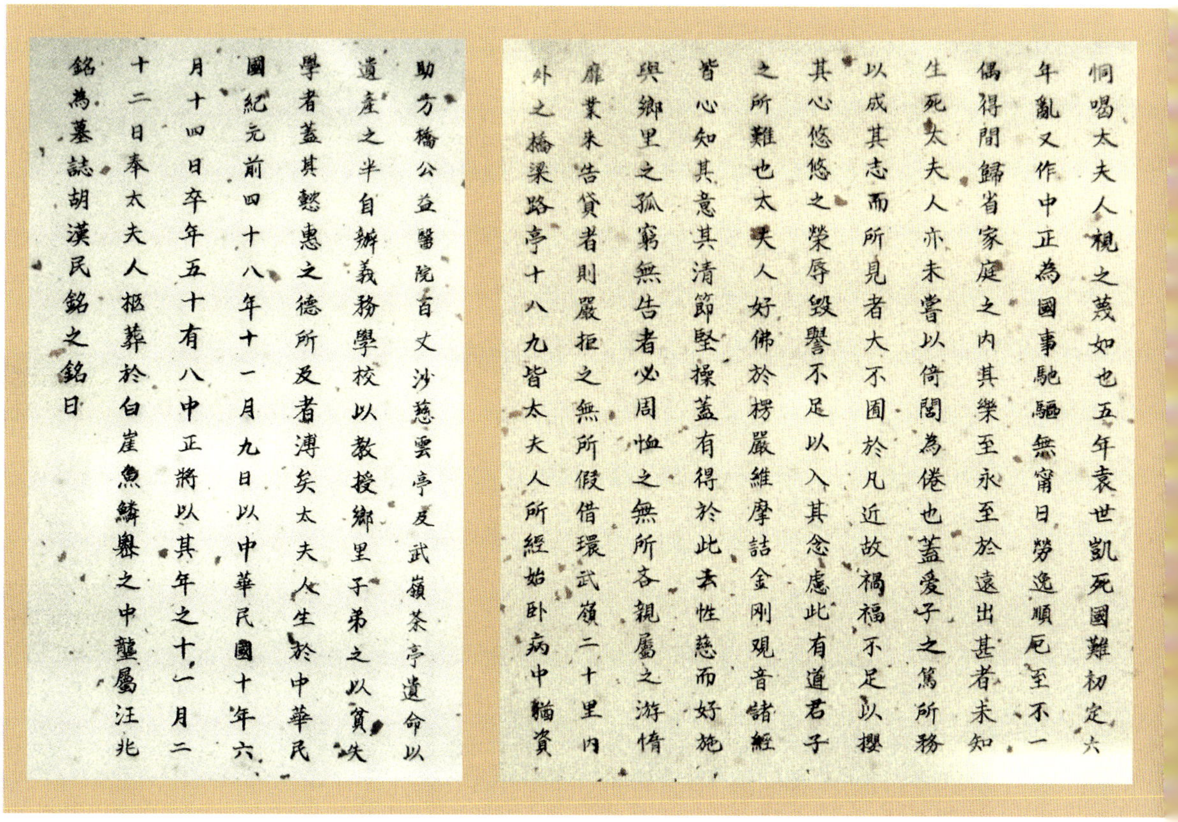
恫喝太夫人視之蔑如也五年袁世凱死國難初定六
年亂又作中正為國事馳驅無窮日勞逸順厄至不一
偶得閒歸省家庭之内其樂至永至於遠出甚者未知
生死太夫人亦未嘗以倚閭為倦也蓋愛子之篤所務
以成其志而所見者大不囿於凡近故禍福不足以攖
其心悠悠之榮辱毀譽不足以入其念慮此有道君子
之所難也太夫人好佛於楞嚴維摩詰金剛觀音諸經
皆心知其意其清節堅操蓋有得於此去性慈而好施
與鄉里之孤窮無告者必周恤之無所吝親屬之游惰
廢業來告貸者則嚴拒之無所假借環武嶺二十里内
外之橋梁路亭十八九皆太夫人所經始卧病中輸資
助方橋公益醫院百丈沙慈雲亭及武嶺茶亭遺命以
遺產之半自辦義務學校以教授鄉里子弟之以貧失
學者蓋其慭惠之德所及者溥矣太夫人生於中華民
國紀元前四十八年十一月九日以中華民國十年六
月十四日卒年五十有八中正將以其年之十一月二
十二日奉太夫人柩葬於白崖魚鱗嶴之中蟄屬汪兆
銘為墓誌胡漢民銘之銘曰

胡汉民书蒋母王采玉墓志铭

『耐寒庐』主人为奉化朱孔阳，1930年前后，任军政部军需署副署长、署长。朱孔阳，字守梅，生性喜梅，他在家乡兴建的宅院称『梅园』。1930年请于右任题门额，也以梅为主旨，曰『耐寒庐』。

于右任（1879—1964），原名伯循，敬铭，字右任，陕西三原人，祖籍泾阳。曾任中华民国南京临时政府交通部次长、南京国民政府常务委员兼审计院院长、南京国民政府监察院院长。为著名诗人和书法家。

右任

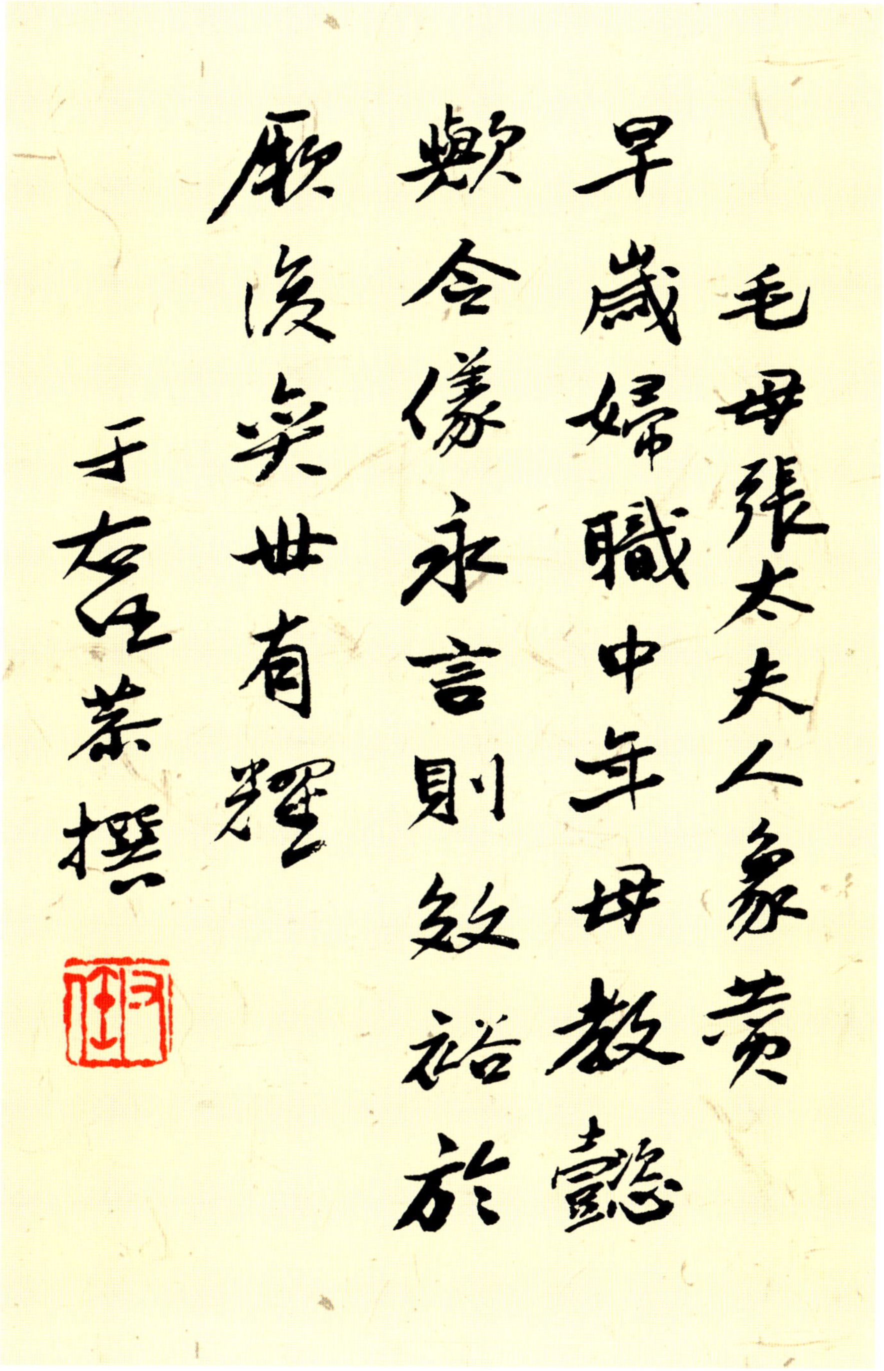

于右任题毛邦初母亲张太夫人像赞

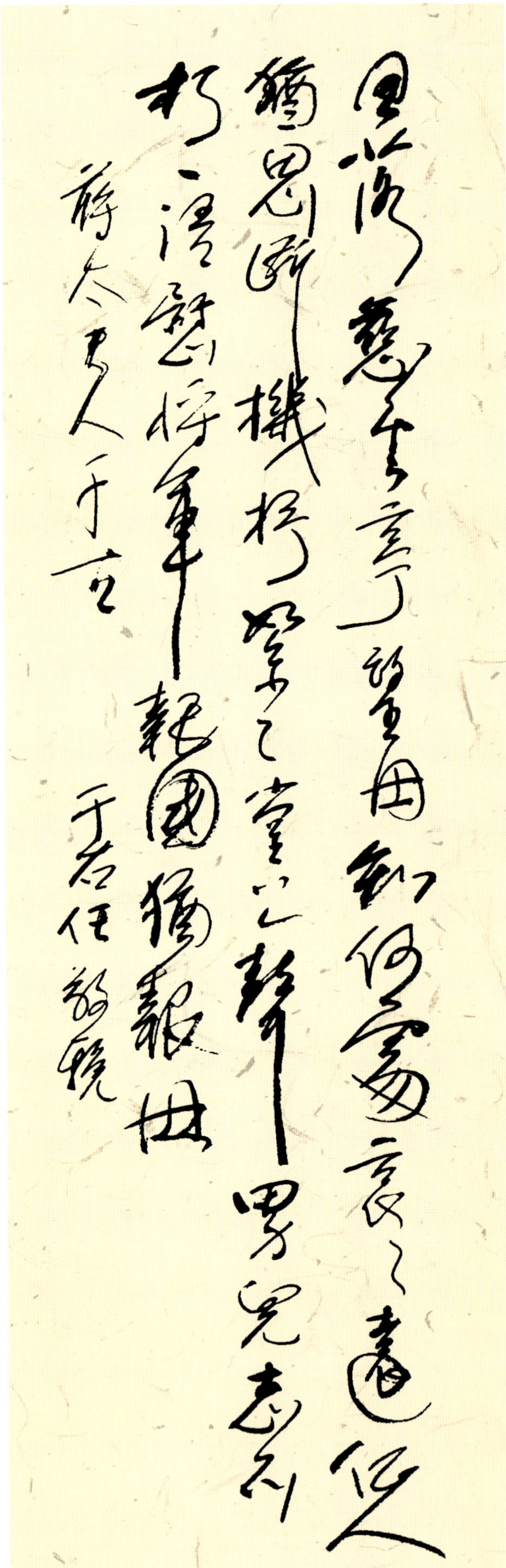

于右任题蒋母王采玉挽诗

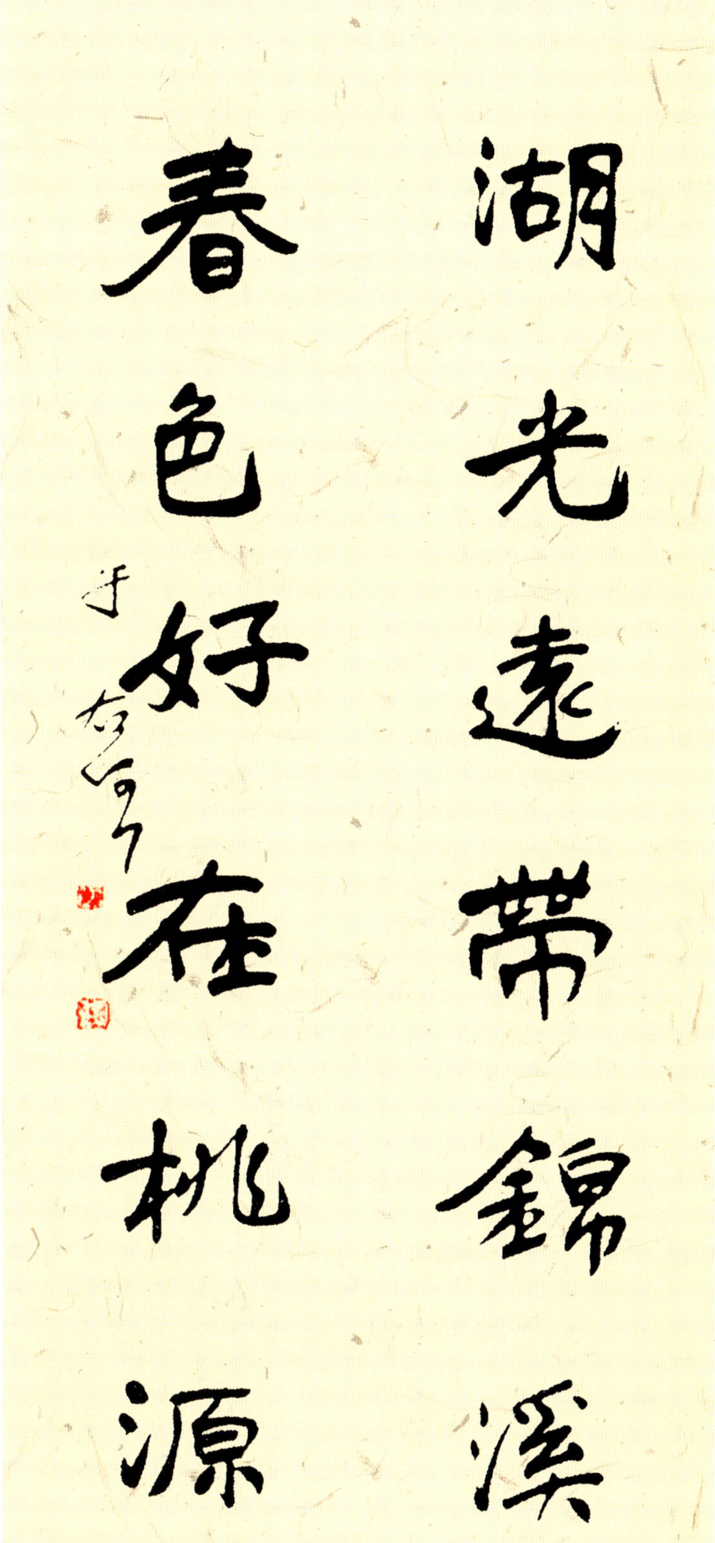

于右任书赞蒋介石家乡的对联

中国共产党第一任总书记陈独秀手书的对联下联（缺上联），现收藏于溪口博物馆。

陈独秀（1879–1942），原名庆同，官名乾生，字仲甫，号实庵，安徽怀宁人。中国新文化运动的发起人，中国文化启蒙运动的先驱，中国共产主义运动的先行者，中国共产党创始人和早期领导人之一。

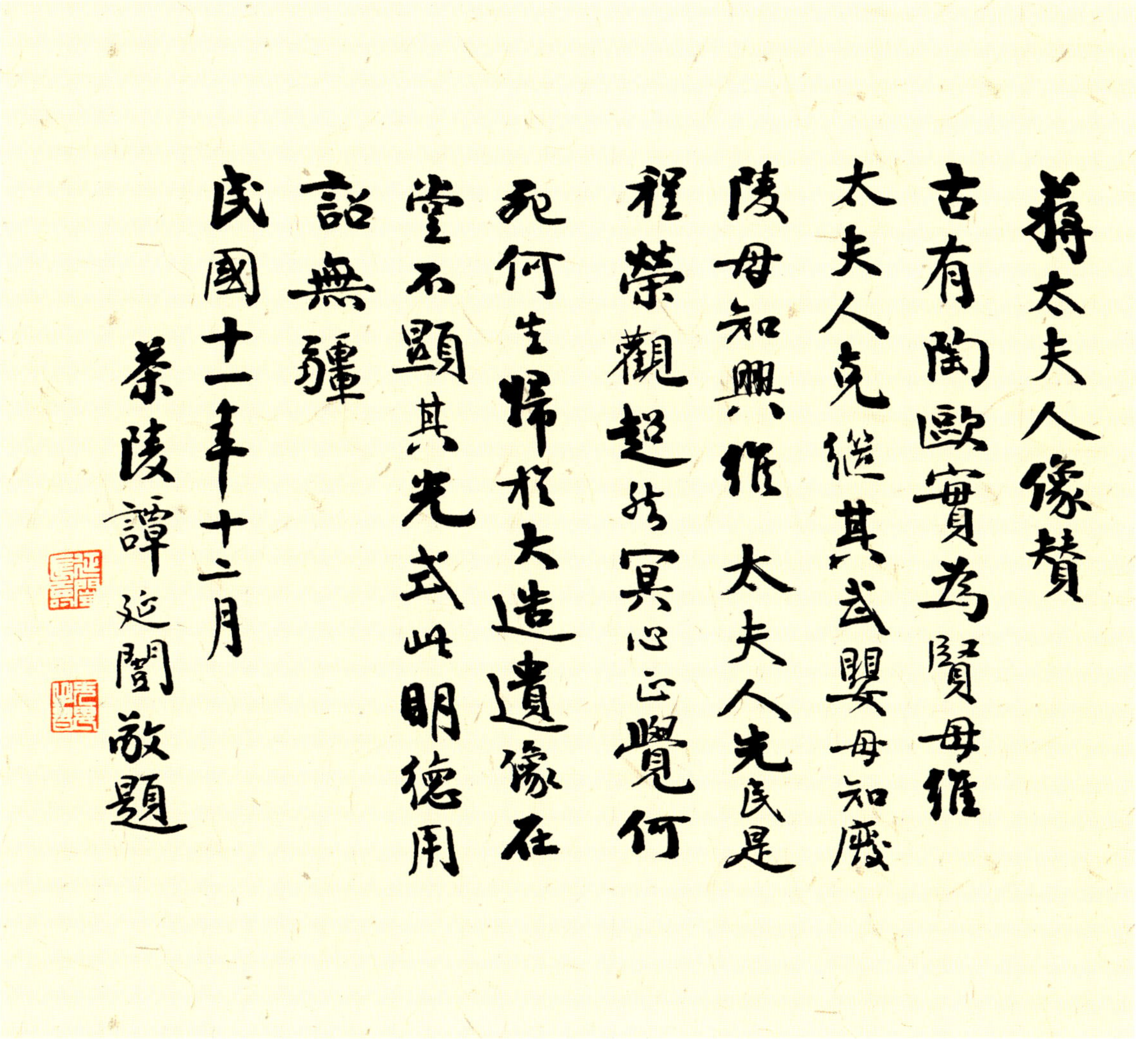

谭延闿题蒋母像赞

谭延闿（1880—1930），字祖庵，湖南茶陵人。曾任湖南都督兼民政长，湖南省长、督军，广州大本营内政部部长、建设部部长，南京国民政府主席、行政院院长等职。是蒋介石早期的良师益友，关系甚笃，在溪口留下众多墨宝。

谭延闿印

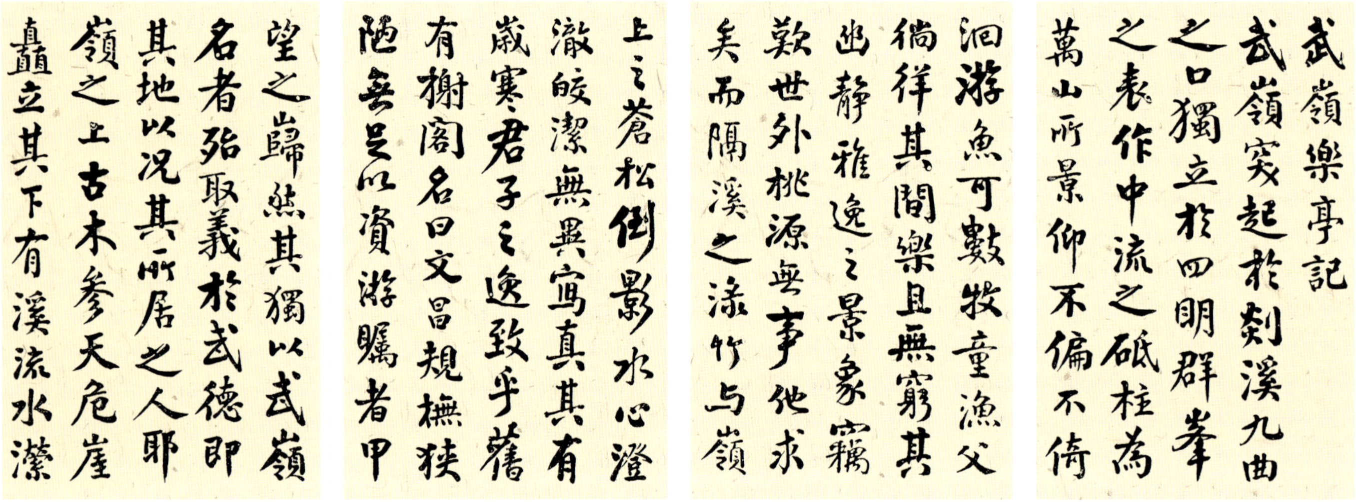

武嶺樂亭記
武嶺突起於剡溪九曲之口獨立於四明群峯之表作中流之砥柱為萬山所景仰不偏不倚洄游魚可數牧童漁父徜徉其間樂且無窮其幽靜雅逸之景象竊歎世外桃源無事他求矣而隔溪之修竹与嶺上之蒼松倒影水心澄澈皎潔無異寫真其有歲寒君子之逸致乎舊有榭閣名曰文昌規橅狹陋無足以資游矚者甲
望之巋然其獨以武嶺名者殆取義於武德即其地以況其所居之人耶嶺之上古木參天危崖矗立其下有溪流水瀠

谭延闿手书《武岭乐亭记》。1924年，蒋介石出资重建溪口文昌阁，次年告成，改称『乐亭』。1925年6月蒋介石撰写《武岭乐亭记》一文，是年9月蒋特请党内元老、书法大家谭延闿挥毫赠墨。

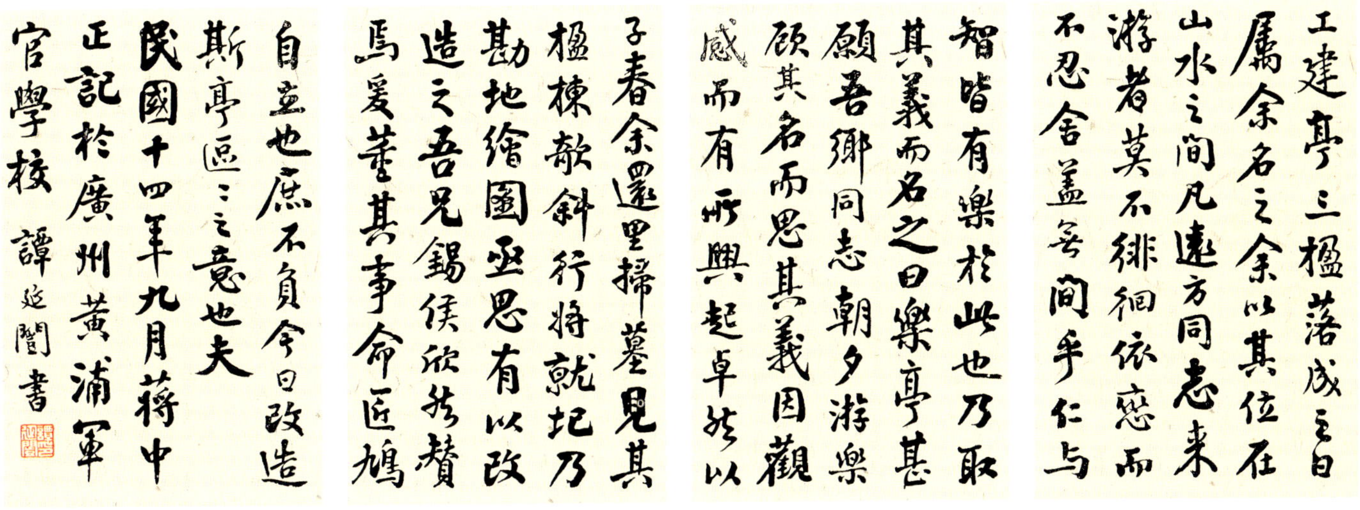

工建亭三楹落成之日
屬余名之余以其位在
山水之間凡遠方同志來
游者莫不徘徊依戀而
不忍舍蓋無間乎仁與
智皆有樂於此也乃取
其義而名之曰樂亭甚
願吾鄉同志朝夕游樂
顧其名而思其義因觀
感而有所興起卓然以
子春余還里掃墓見其
楹棟欹斜行將就圮乃
勘地繪圖亟思有以改
造之吾兄錫侯欣然贊
焉爰董其事命匠鳩
自立也庶不負今日改造
斯亭區區之意也夫
民國十四年九月蔣中
正記於廣州黃埔軍
官學校　譚延闓書

1923年冬，蒋母王采玉六十冥寿时，蒋介石在蒋母墓道中段修筑墓庐，谭延闿为蒋母墓庐题写门额『慈庵』。

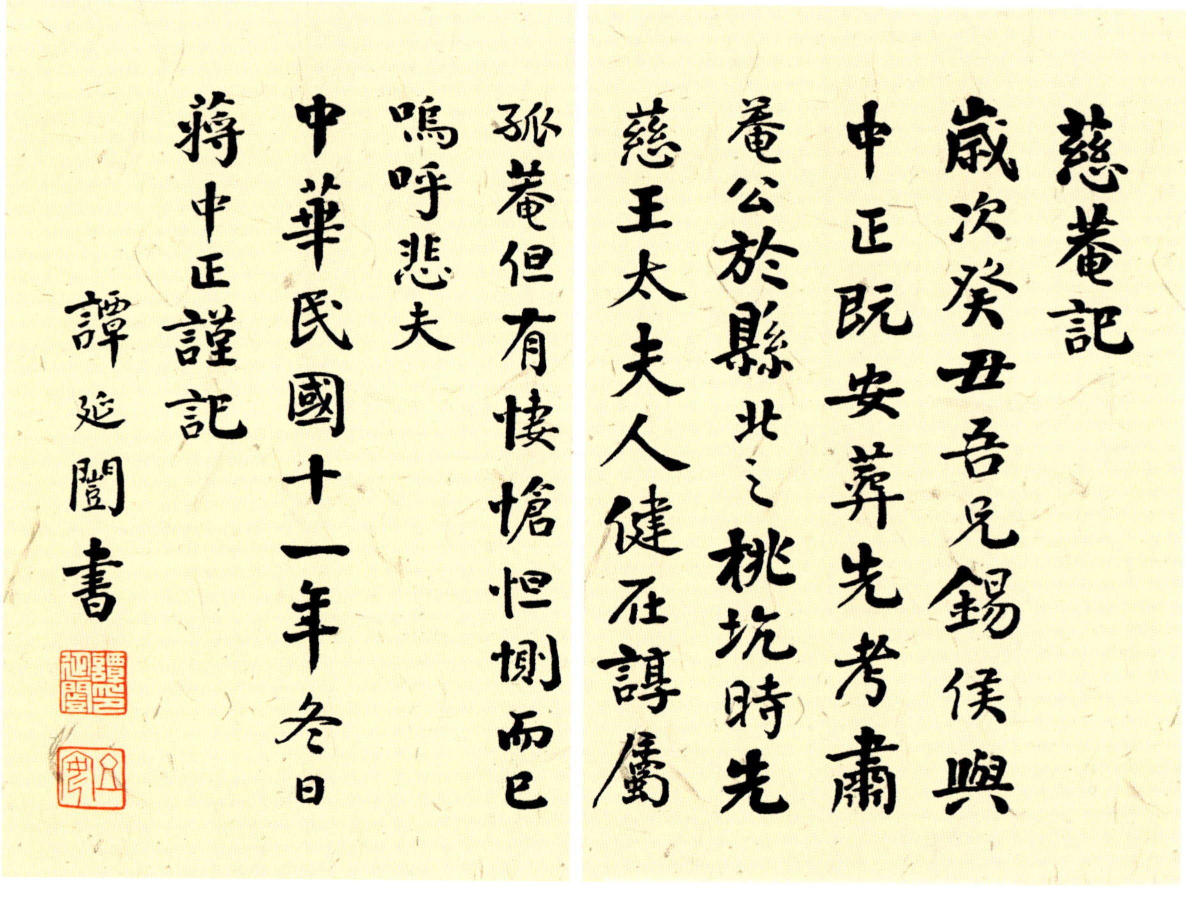
慈菴記
歲次癸丑吾兄錫侯與
中正既安葬先考肅
菴公於縣北之桃坑時先
慈王太夫人健在謂屬
孫菴但有悽愴怛惻而已
嗚呼悲夫
中華民國十一年冬日
蔣中正謹記
譚延闓書

谭延闿所书《慈庵记》（片段）

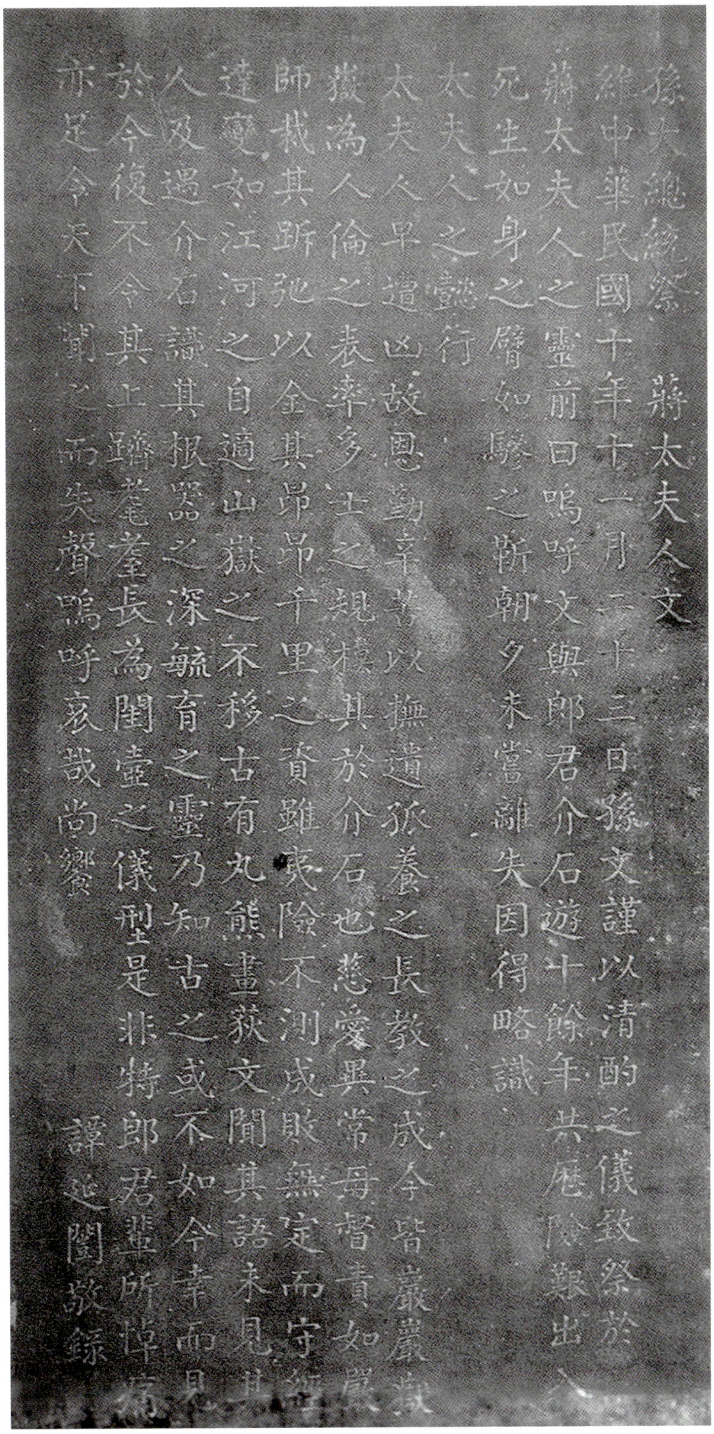
孫大總統祭 蔣太夫人文
維中華民國十年十一月二十三日孫文謹以清酌之儀致祭於
蔣太夫人之靈前曰嗚呼文與郎君介石遊十餘年共歷險艱出入
死生如身之臂如驂之靳朝夕未嘗離失因得略識
太夫人之懿行
太夫人早遭凶故閔勤辛苦以撫遺孤養之長教之成今皆巖巖嶷
嶷為人倫之表率多士之規模其於介石也慈愛異常每督責如嚴
師裁其跅弛以全其昂昂千里之資雖夷險不測成敗無定而守經
達變如江河之自適山嶽之不移古有丸熊畫荻文聞其語未見其
人以遇介石識其根器之深毓育之靈乃知古之或不如今幸而見
於今復不令其上躋耄耋長為閨壼之儀型是非特郎君輩所悼痛
亦足令天下聞之而失聲嗚呼哀哉尚饗
譚延闓敬錄
孙中山撰、谭延闿书祭蒋母文

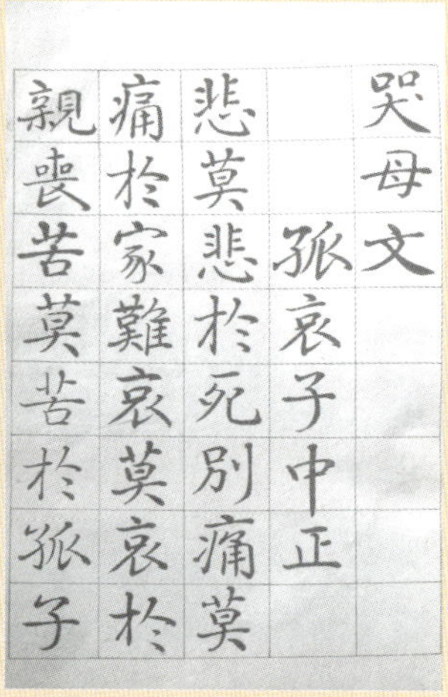

哭母文

孤哀子中正

悲莫悲於死別痛莫
痛於家難哀莫哀於
親喪苦莫苦於孤子

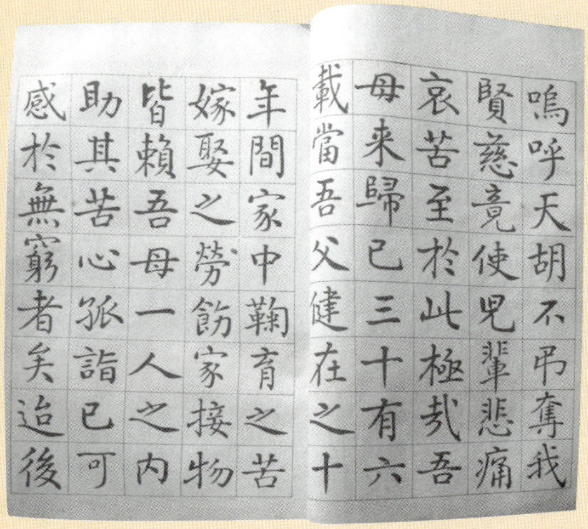

嗚呼天胡不弔奪我
賢慈竟使兒輩悲痛
哀苦至於此極哉吾
母來歸已三十有六
載當吾父健在之十
年間家中鞠育之苦
嫁娶之勞飭家接物
皆賴吾母一人之內
助其苦心孤詣已可
感於無窮者矣迨後

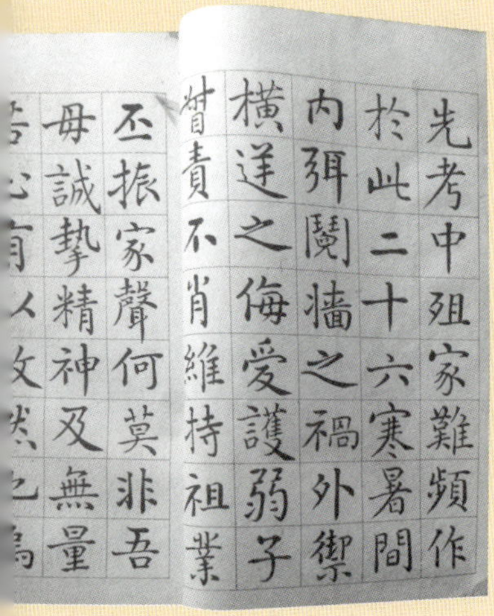

先考中殂家難頻作
於此二十六寒暑間
內弭鬩牆之禍外禦
橫逆之侮愛護弱子
督責不肖維持祖業
丕振家聲何莫非吾
母誠摯精神及無量

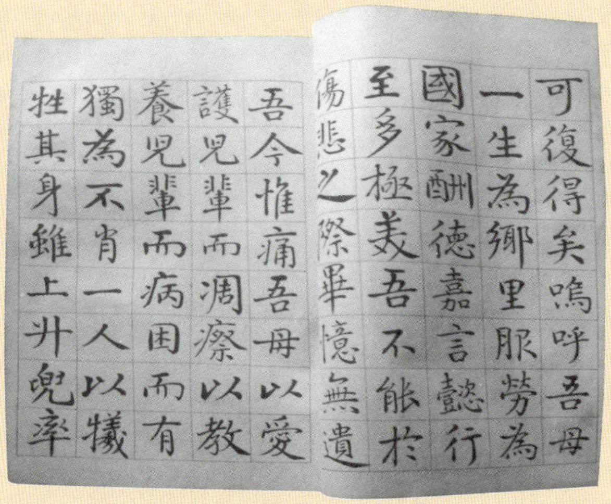

可復得矣嗚呼吾母
一生為鄉里服勞為
國家酬德嘉言懿行
至多極美吾不能於
傷悲之際畢憶無遺
吾今惟痛吾母以愛
護兒輩而凋瘵以教
養兒輩而病困而有
獨為不肖一人以犧
牲其身雖上升兜率

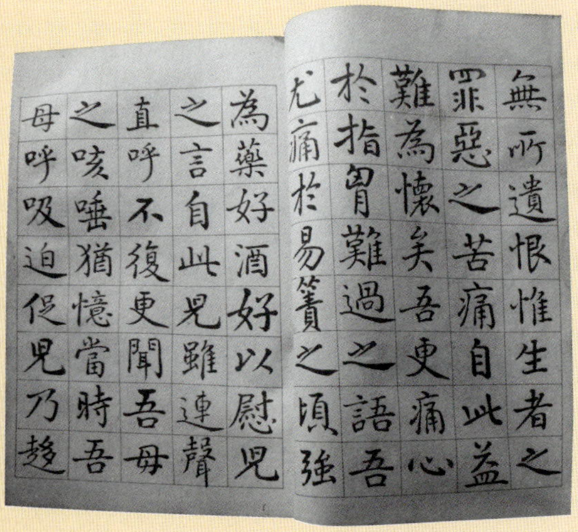

無所遺恨惟生者之
罪惡之苦痛自此益
難為懷矣吾更痛心
於指胃難過之語吾
尤痛於易簀之頃強
為藥好酒好以慰兒
之言自此兒雖連聲
直呼不復更聞吾母
之咳唾猶憶當時吾
母呼吸迫促兒乃趨

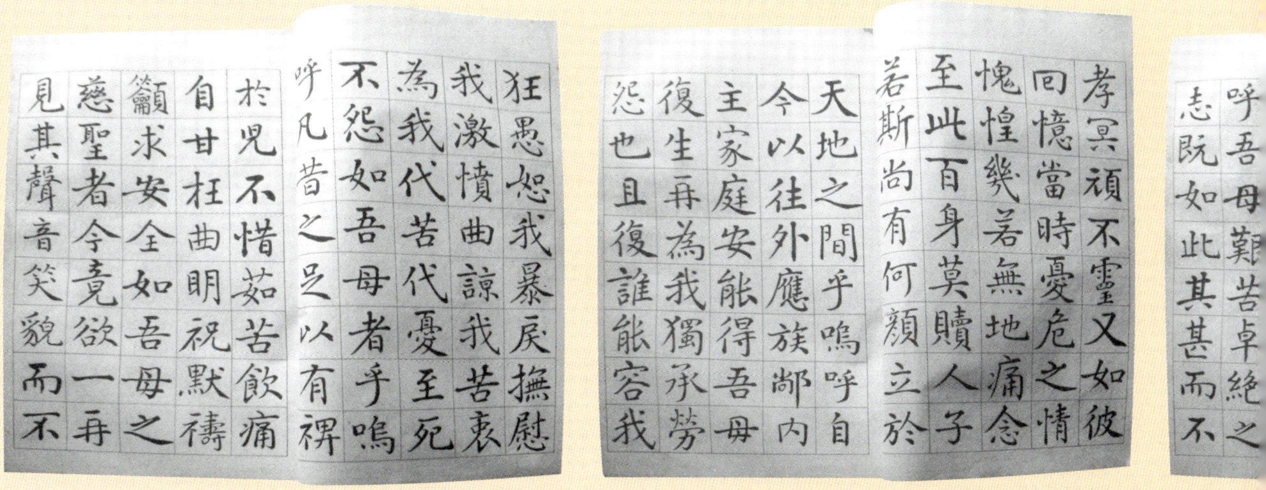

呼吾母艱苦卓絕之
志既如此其甚而不
孝冥頑不靈又如彼
回憶當時憂危之情
愧惶幾若無地痛念
至此百身莫贖人子
若斯尚有何顏立於
天地之間乎嗚呼自
今以往外應族鄰內
主家庭安能得吾母
復生再為我獨承勞
怨也且復誰能容我
狂愚恕我暴戾撫慰
我激憤曲諒我苦衷
為我代苦代憂至死
不怨如吾母者乎嗚
呼凡昔之足以有裨
於兒不惜茹苦飲痛
自甘枉曲明祝默禱
籲求安全如吾母之
慈聖者今竟欲一再
見其聲音笑貌而不

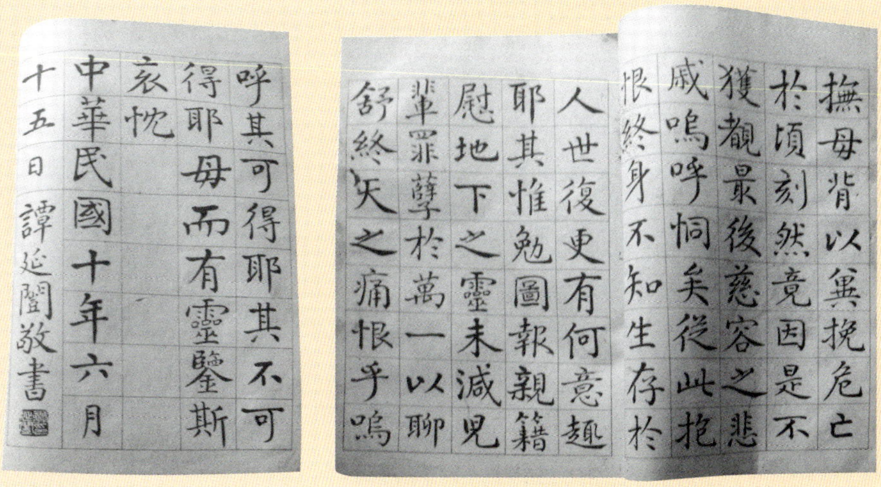

撫母背以冀挽危亡
於頃刻然竟因是不
獲覩最後慈容之悲
感嗚呼恫矣從此抱
恨終身不知生存於
人世復更有何意趣
耶其惟勉圖報親籍
慰地下之靈未滅兒
輩罪孽於萬一以聊
舒終天之痛恨乎嗚
呼其可得耶其不可
得耶母而有靈鑒斯
哀忱
中華民國十年六月
十五日譚延闓敬書

谭延闿书蒋介石《哭母文》

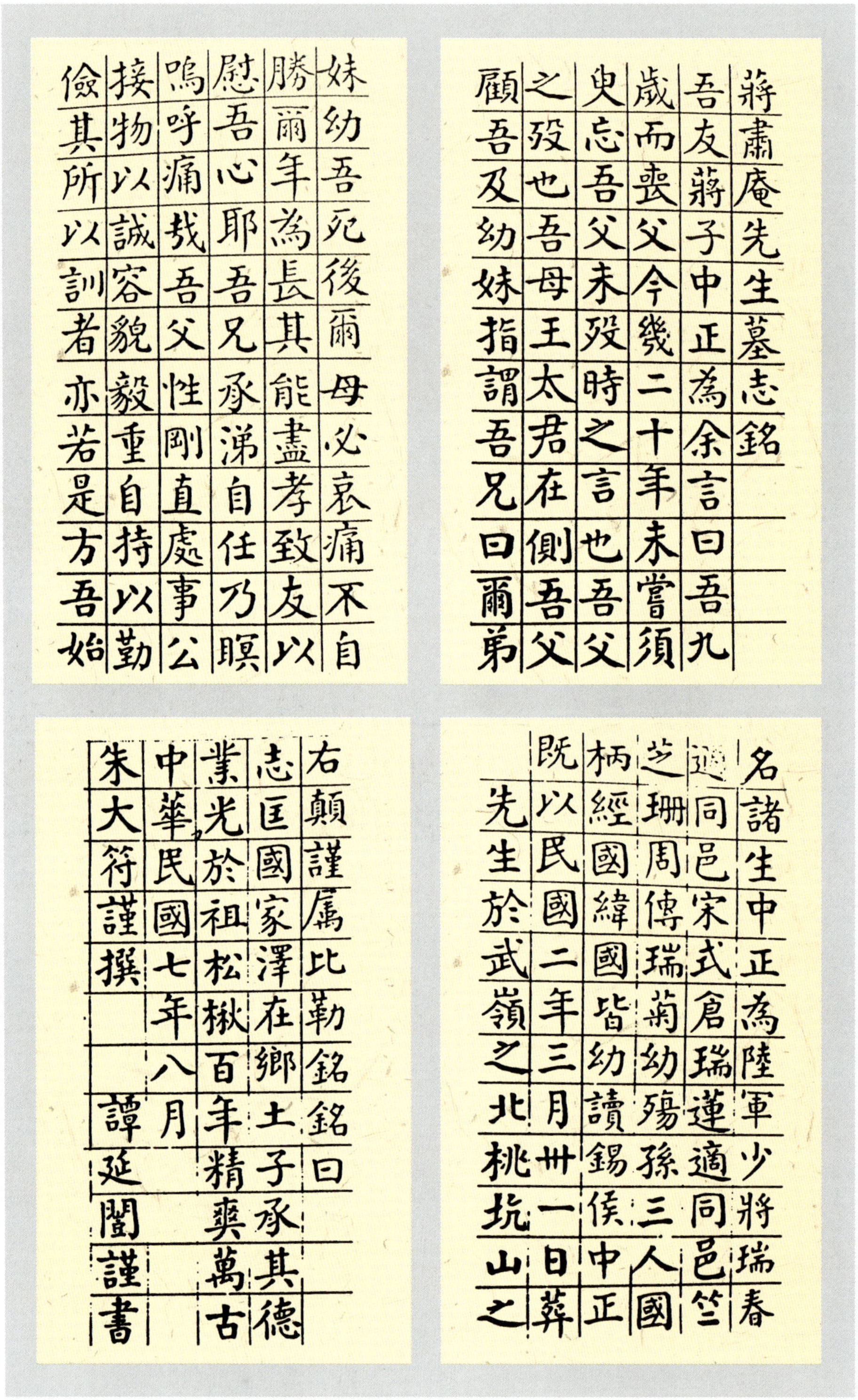

蔣肅庵先生墓志銘
吾友蔣子中正為余言曰吾九
歲而喪父今幾二十年未嘗須
臾忘吾父歿時之言也吾父
之歿也吾母王太君在側吾父
顧吾及幼妹指謂吾兄曰爾弟
妹幼吾死後爾母必哀痛不自
勝爾年為長其能盡孝致友以
慰吾心耶吾兄承溙自任乃瞑
嗚呼痛哉吾父性剛直處事公
接物以誠容貌毅重自持以勤
儉其所以訓者亦若是方吾始

名諸生中正為陸軍少將瑞春
適同邑宋式倉瑞蓮適同邑竺
芝珊周傳瑞菊幼殤孫三人國
柄經國緯國皆幼讀錫侯中正
既以民國二年三月卄一日葬
先生於武嶺之北桃坑山之
右顛謹屬比勒銘銘曰
志匡國家澤在鄉土子承其德
業光於祖松楸百年精爽萬古
中華民國七年八月
朱大符謹撰　譚延闓謹書

谭延闿书《蒋肃庵先生墓志铭》，此铭由朱大符（执信）撰写。（此为片段）

黄郛为蒋父蒋肃庵所题墓碑

黄郛（1880—1936），原名绍麟，字膺白，号昭甫，别字天生，笔名以太。浙江绍兴上虞百官镇人。在日本留学时结识蒋介石、张群等人，之后跟随蒋介石。国民政府成立后，曾任外交部部长、教育署署长、上海市市长等要职。

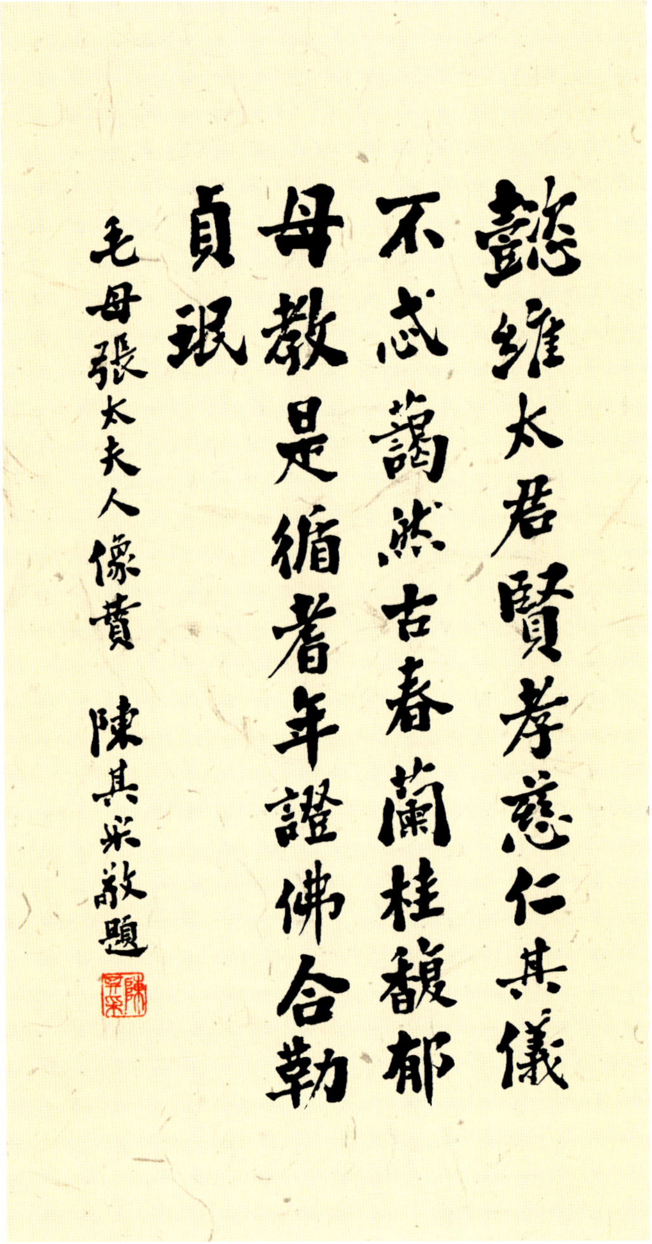
懿維太君賢孝慈仁其儀
不忒藹然古春蘭桂馥郁
母教是循耆年證佛合勒
貞珉
毛母張太夫人像賛 陳其采敬題

陈其采题毛母张太夫人像赞

陈其采印

陈其采（1880—1954），字霭士，别号涵庐，浙江吴兴人，蒋介石义兄，陈果夫、陈立夫之叔父。

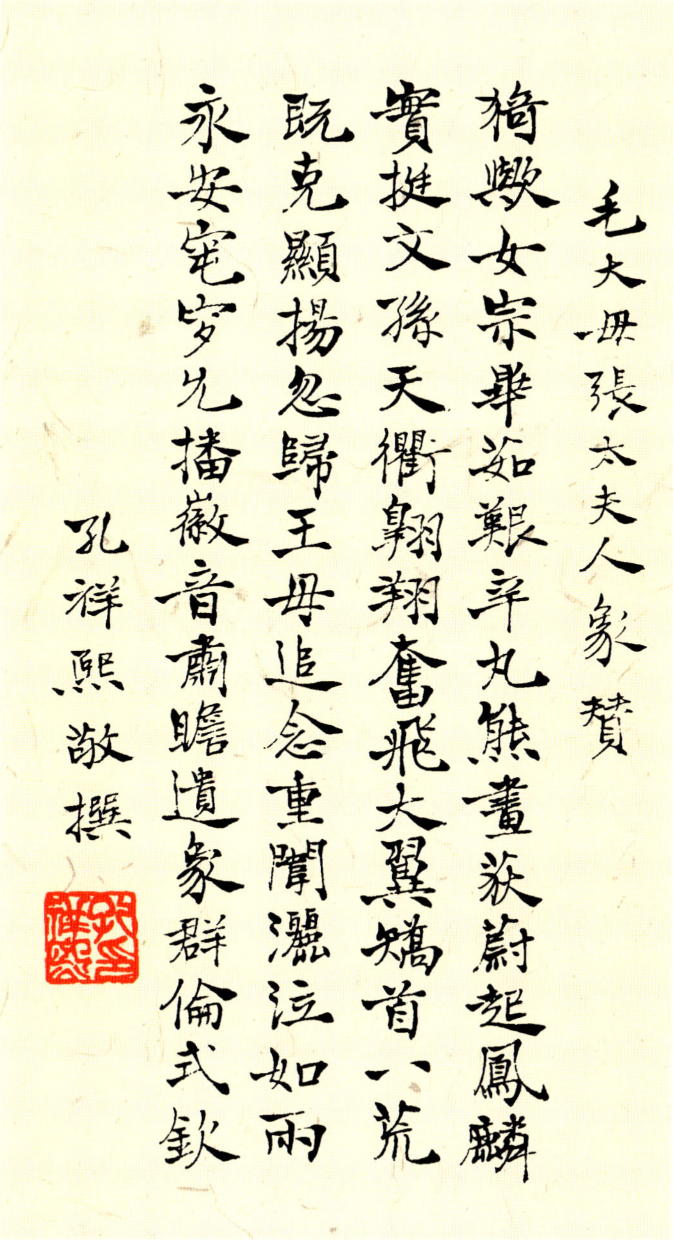
毛太母張太夫人象贊
猗歟女宗畢茹艱辛丸熊畫荻蔚起鳳麟
實挺文孫天衢翱翔奮飛大翼矯首八荒
既克顯揚忽歸王母追念重闈灑泣如雨
永安宅兮先播徽音肅瞻遺象群倫式欽
孔祥熙敬撰

孔祥熙题毛母张太夫人像赞

孔祥熙 （1880—1967），字庸之，山西太谷县人。南京国民政府时期，曾任国民政府委员、工商部部长、实业部部长、行政院院长兼财政部部长、中央银行总裁等职。

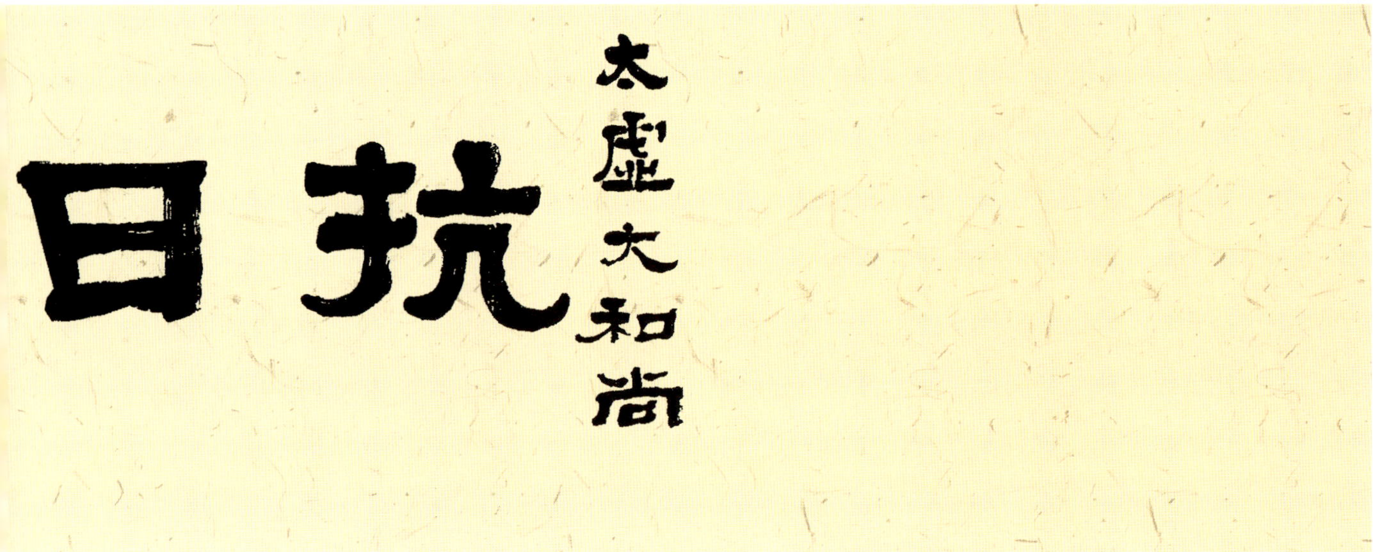

冯玉祥（1882—1948），字焕章，安徽巢县人。南京国民政府时期，历任第二集团军总司令、河南省主席、国民政府行政院副院长兼军政部部长、第三战区司令长官、第六战区司令长官等职。

冯玉祥印

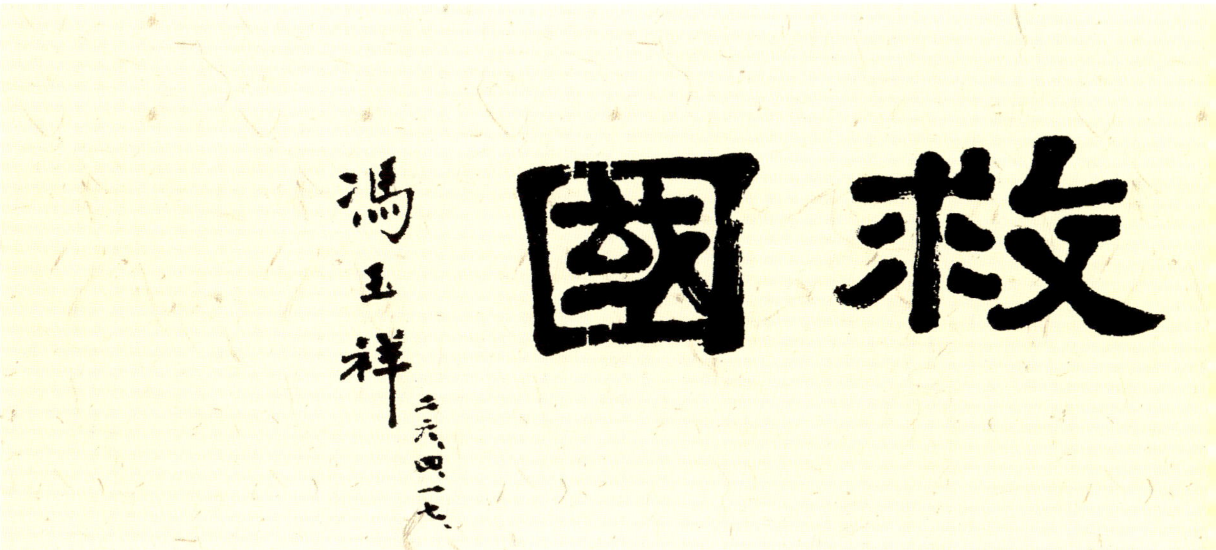

1937年4月，冯玉祥到溪口参加蒋介石之兄蒋介卿的葬礼。应雪窦寺方丈太虚和尚之邀，登雪窦山，并书『抗日救国』赠太虚。

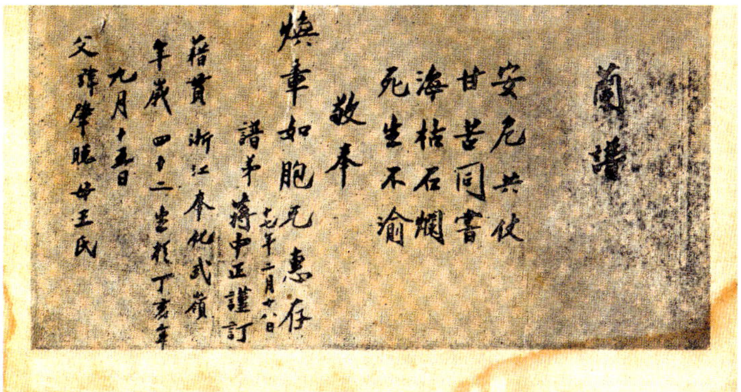

蘭譜
安危共仗
甘苦同嘗
海枯石爛
死生不渝
敬奉
煥章如胞兄惠存
譜弟蔣中正謹訂 十七年二月十八日
籍貫 浙江奉化武嶺
年歲 四十二 生於丁亥年
九月十五日
父諱肇聰 母王氏

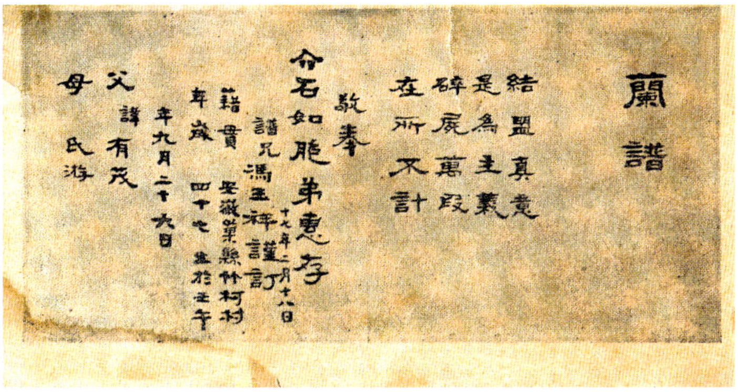

蘭譜
結盟真意
是為主義
碎屍萬段
在所不計
敬奉
介石如胞弟惠存
譜兄馮玉祥謹訂 十七年二月十八日
籍貫 安徽巢縣竹柯村
年歲 四十七 生於壬午年
年九月二十六日
父 諱有茂
母 氏游

冯玉祥与蒋介石于1928年2月18日缔结金兰，互换兰谱。上为蒋介石手书兰谱，下为冯玉祥手书兰谱。

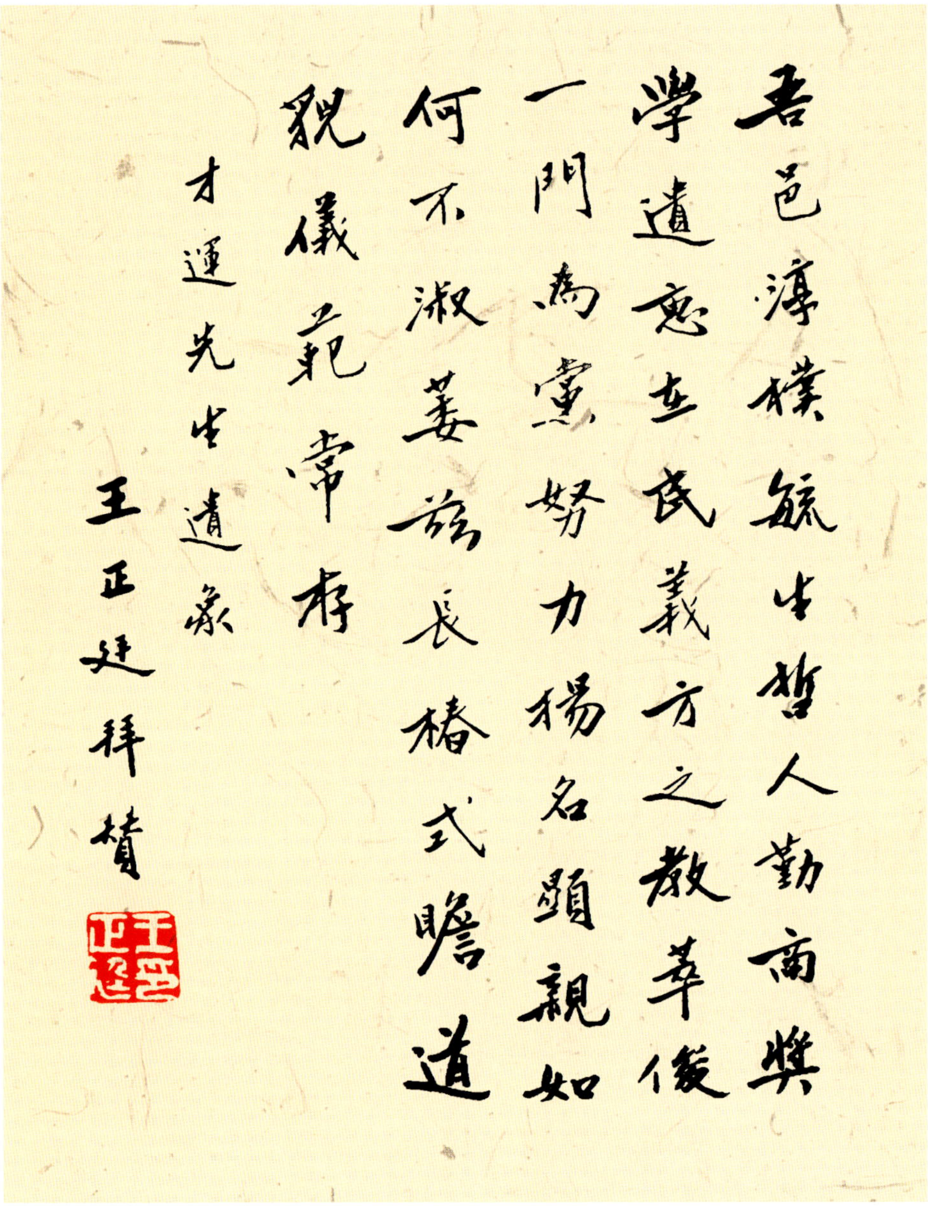
吾邑淳樸毓生哲人勤商奬
學遺惠在民義方之教華俊
一門為黨努力揚名顯親如
何不淑萎落長椿式瞻道
貌儀範常存
才運先生遺象
王正廷拜賛

王正廷题奉化籍爱国实业家王才运像赞

王正廷（1882–1961），原名正庭，字儒堂，号子白，浙江奉化人。民国时期著名外交家，以拒签巴黎和会和约而知名。长期在南京政府中任职，推行革命外交，九一八事变后作为外长遭学生痛打而辞职。他热心体育事业，并致力于奥林匹克运动在中国的开展，是近代中国著名的体育领导人之一。因其对中国体育事业的贡献，被誉为『中国奥运之父』。

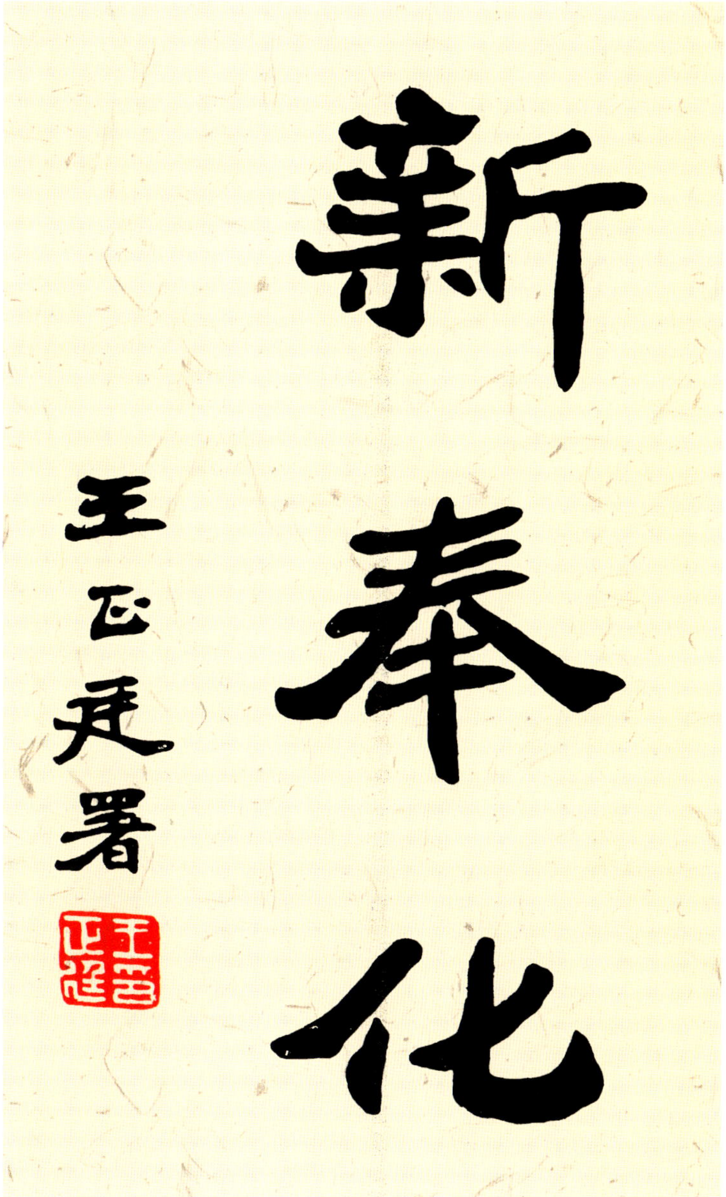

王正廷为故乡《新奉化》杂志封面题字

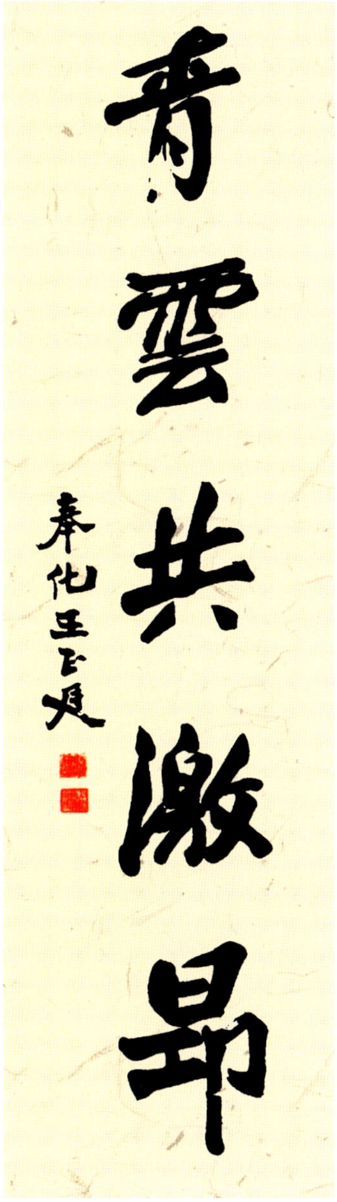

王正廷手书对联之下联，现收藏于溪口博物馆（缺上联）。

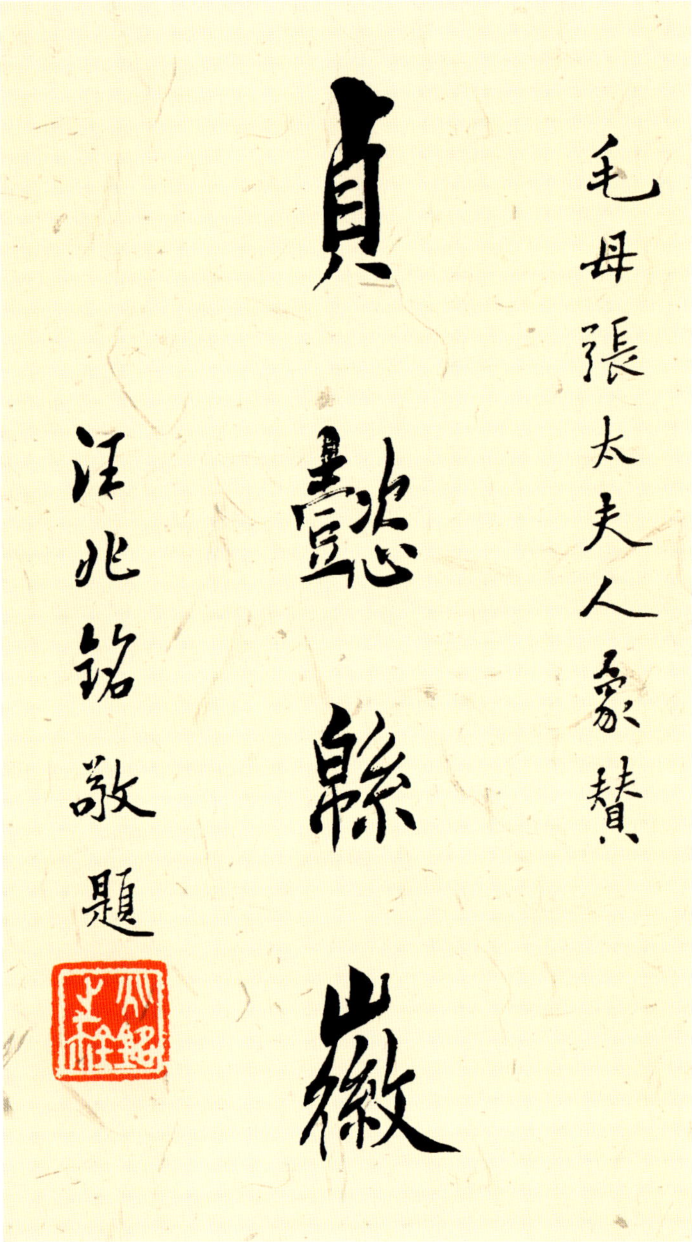

汪精卫题毛母张太夫人像赞

兆铭之铨

汪精卫（1883–1944），原名兆铭，字季新，号精卫，祖籍江西婺源，后迁浙江绍兴，生于广东三水。曾任广州国民政府主席，行政院院长兼外交部部长、内政部部长兼铁道部部长等职。抗战期间投敌，任日伪国民政府主席、行政院院长、军事委员会委员长、海军部部长等职。

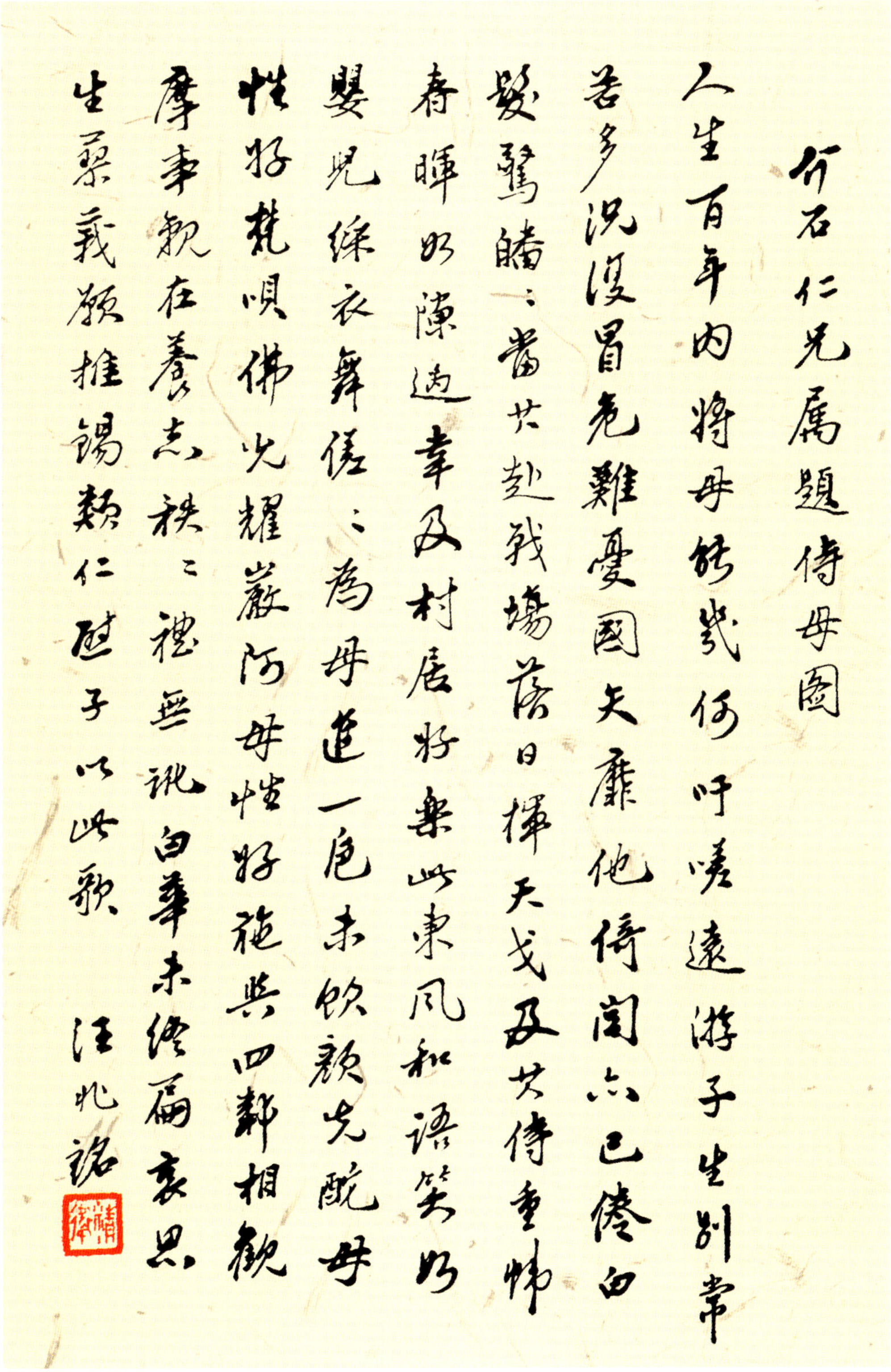

汪精卫为蒋介石题侍母图

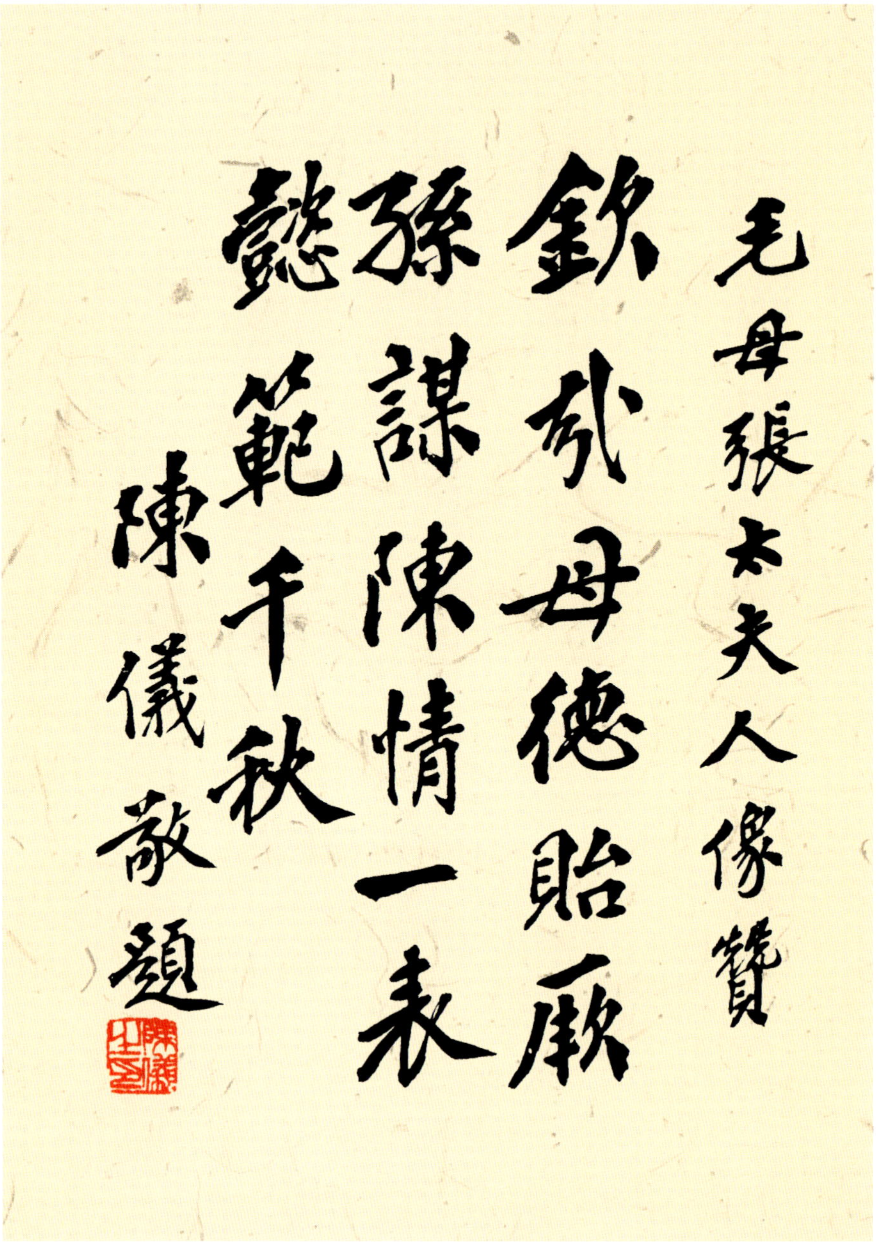

陈仪题毛母张太夫人像赞

陈仪之印

陈　仪　（1883–1950），字公侠，后改公洽，自号退素，绍兴东浦镇人。南京国民政府时期，曾任军政部次长、陆军二级上将、福建省主席、行政院秘书长、台湾行政长官兼台湾警备总司令、浙江省政府主席等职。

蒋太夫人墓誌銘
吳興沈尹默書丹
并題蓋
太夫人姓王氏諱采
玉嵊縣有則先生女

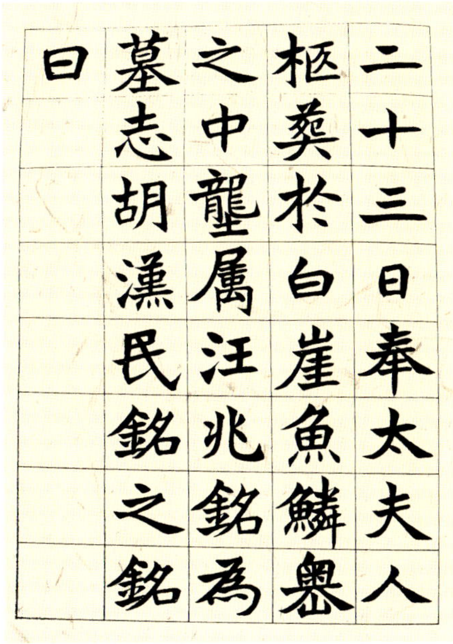
二十三日奉太夫人
柩葬於白崖魚鱗嶴
之中龍屬汪兆銘為
墓志胡漢民銘之銘
曰

1921年6月14日，蒋母王采玉病故，是年11月23日下葬。当时蒋母墓志铭，由汪精卫作墓志，胡汉民作墓铭，书法大家沈尹默书丹。真迹现收藏在台北中正纪念堂。（此为片段）

沈尹默（1883—1971），原名君默，号君墨，别号鬼谷子，浙江湖州人。著名的学者、诗人、书法家、教育家。早年留学日本，后任北京大学教授和校长、辅仁大学教授。1949年后曾任中央文史馆副馆长、上海市人民委员会委员、第三届全国人大代表等职务。以书法闻名，民国初年，书坛就有『南沈北于（于右任）』之称。20世纪40年代书坛有『南沈北吴（吴玉如）』之说。著名文学家徐平羽先生，谓沈老之书法艺术成就『超越元、明、清，直入宋四家而无愧』。

沈尹默

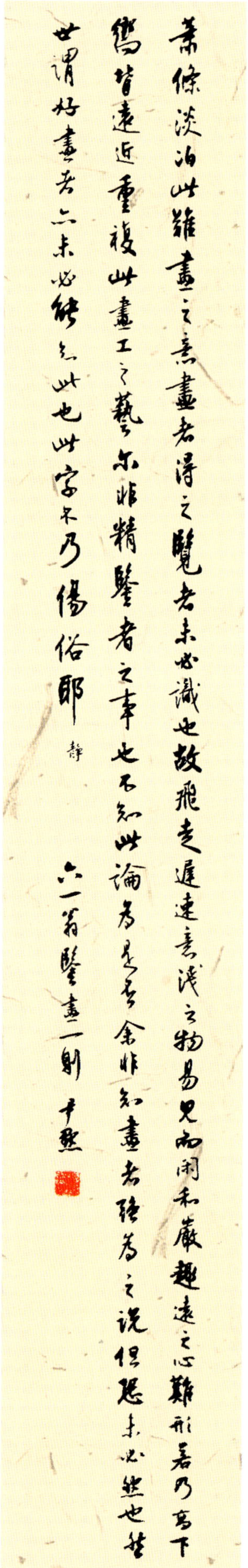

沈尹默书法作品，现收藏于溪口博物馆。

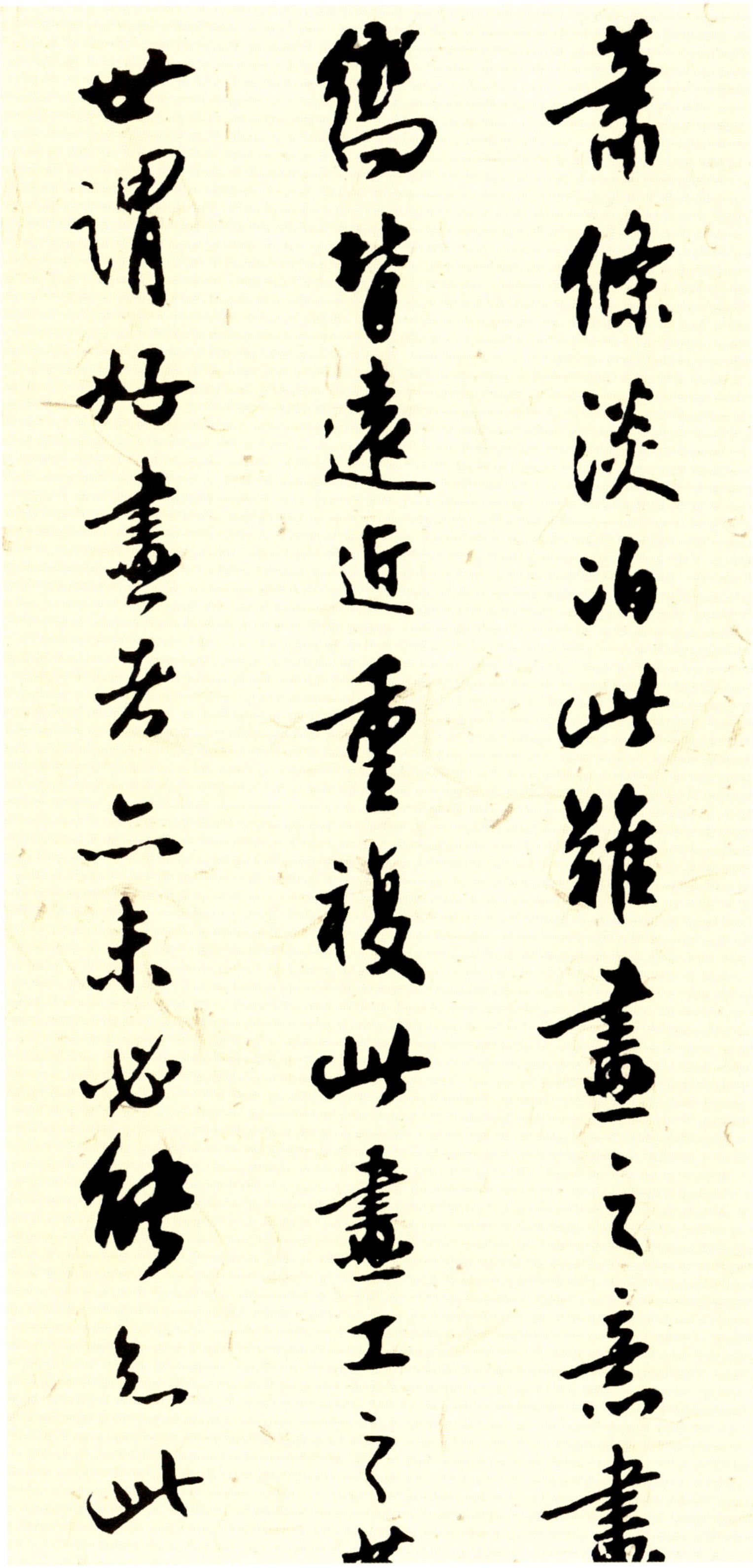

前页书法作品局部放大

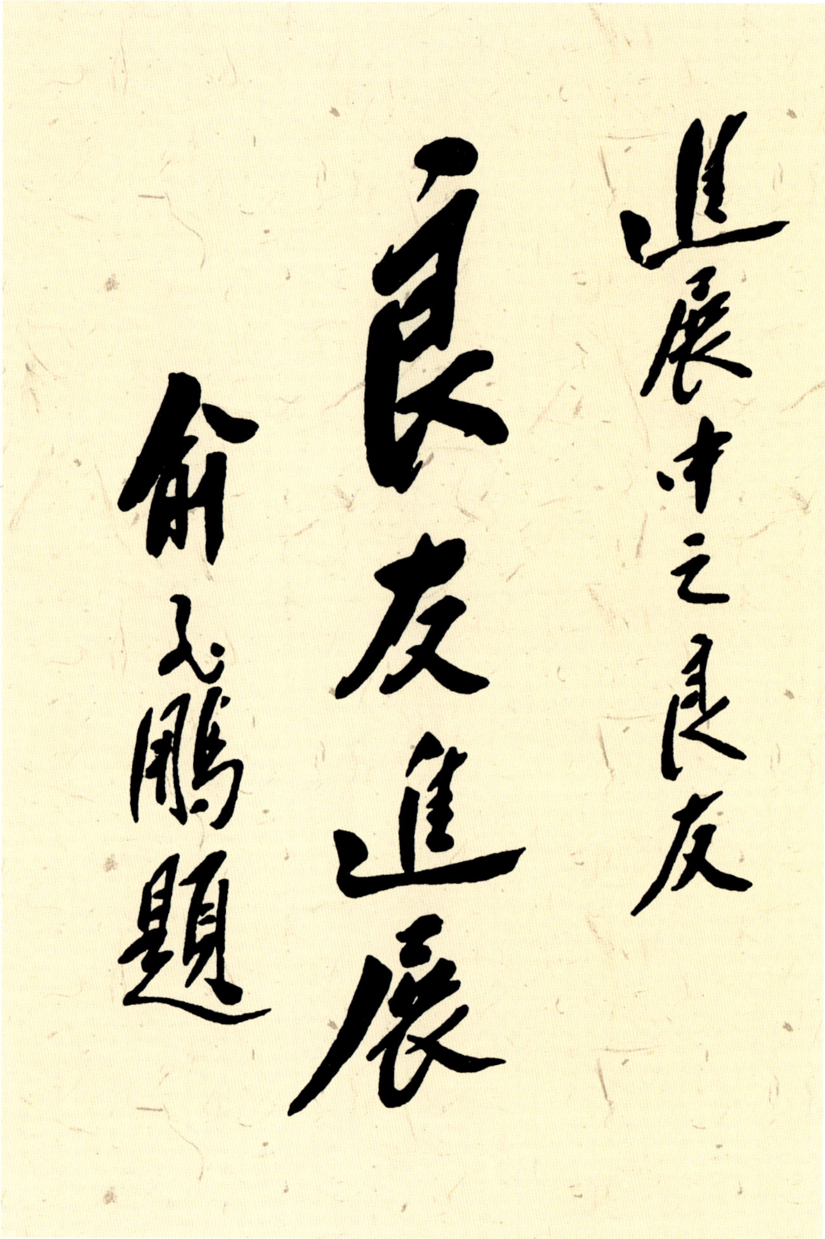

俞飞鹏为上海《良友》画报题词

俞飞鹏 （1884—1966），乳名丰年，又名忠稚，字樵峰，浙江省奉化县城（今大桥镇奉南村）人，俞济时和俞济民的同族。南京国民政府时期，曾任财政部海关监督、军政部军需署署长、交通部部长、军事委员会后方勤务部部长（上将衔）、公路总局局长、行政院政务委员兼粮食部部长等职。

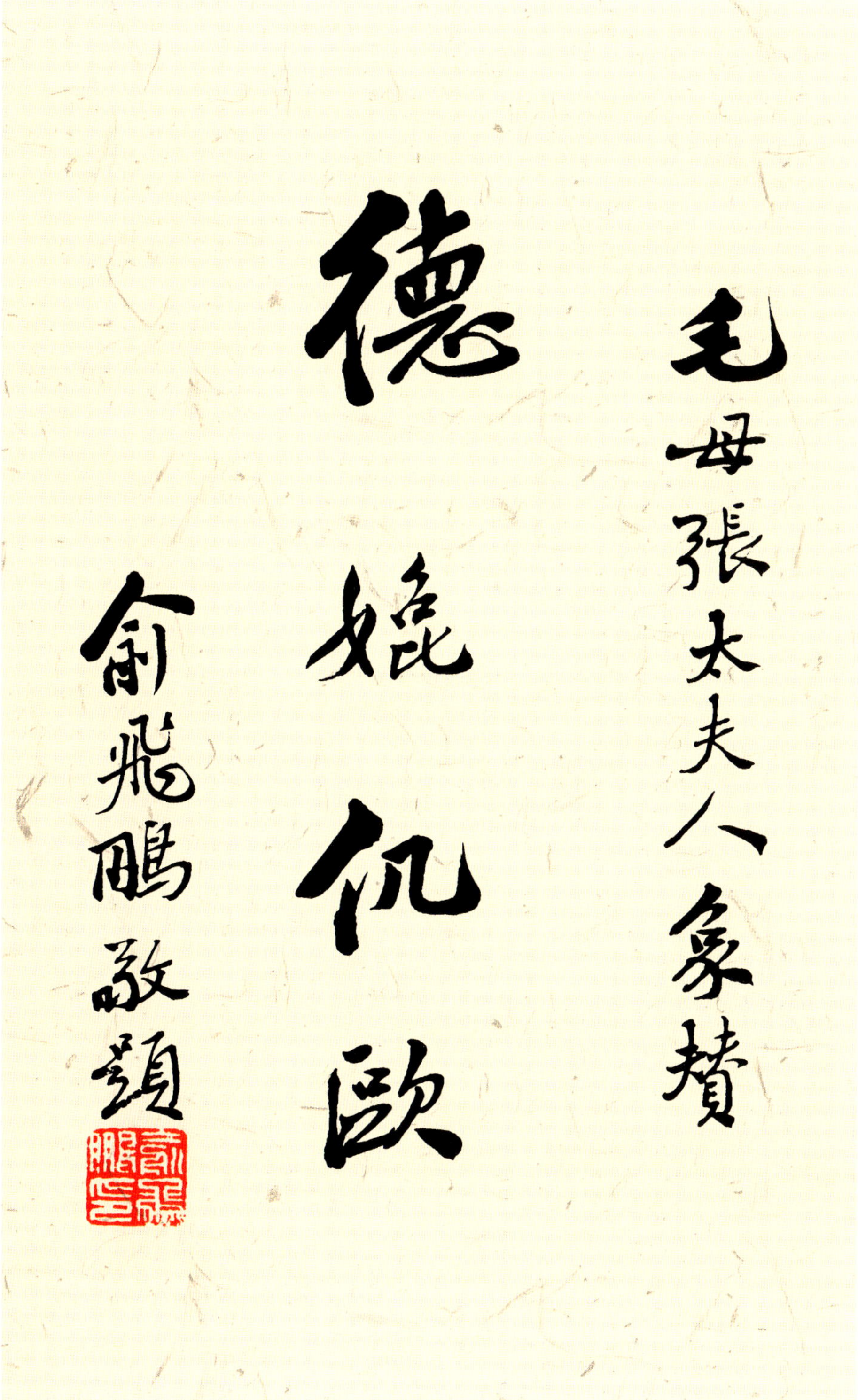

俞飞鹏题毛母张太夫人像赞

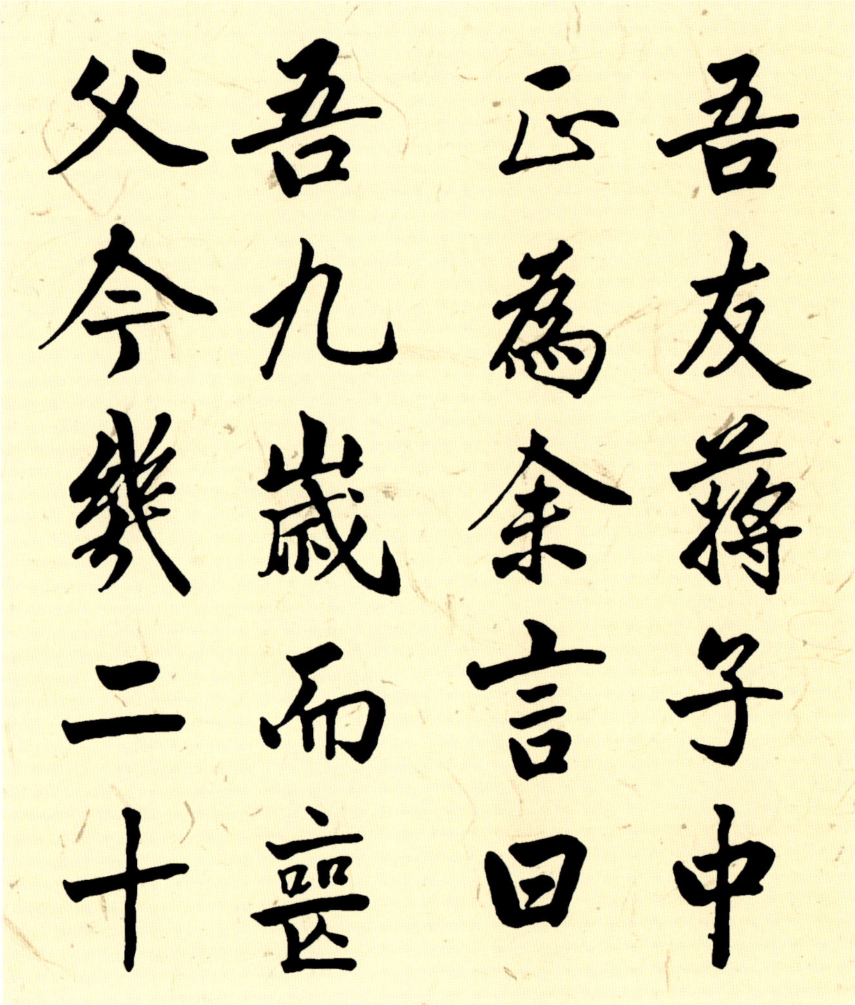
吾友蔣子中
正為余言曰
吾九歲而喪
父今幾二十

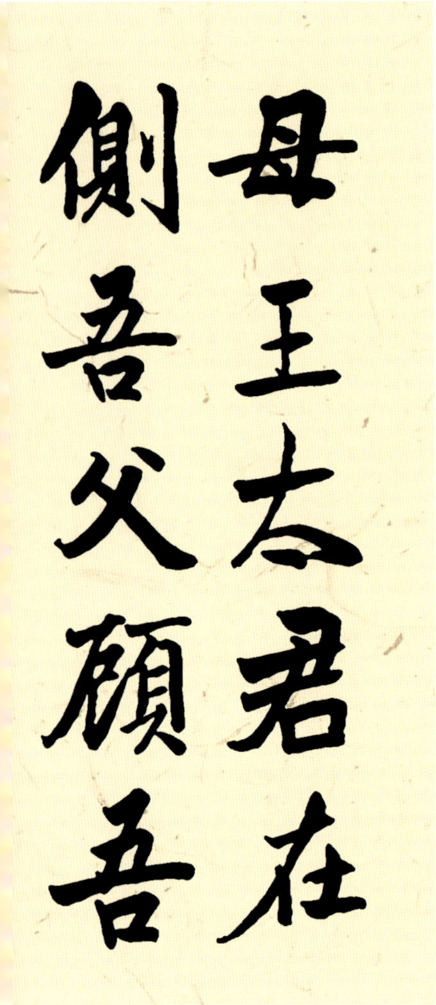
母王太君在
側吾父顧吾

朱执信（1885–1920），名大符，字执信。汉族，广东人。生于广东番禺（今广州市）。1904年以官费留学日本，结识了孙中山、廖仲恺等革命党人。1905年8月中国同盟会在日本东京成立，他被选为评议部议员兼书记。先后担任过《民报》、《建设》等刊物的编辑，积极从事革命的理论宣传工作。

萧山朱氏

朱大符印

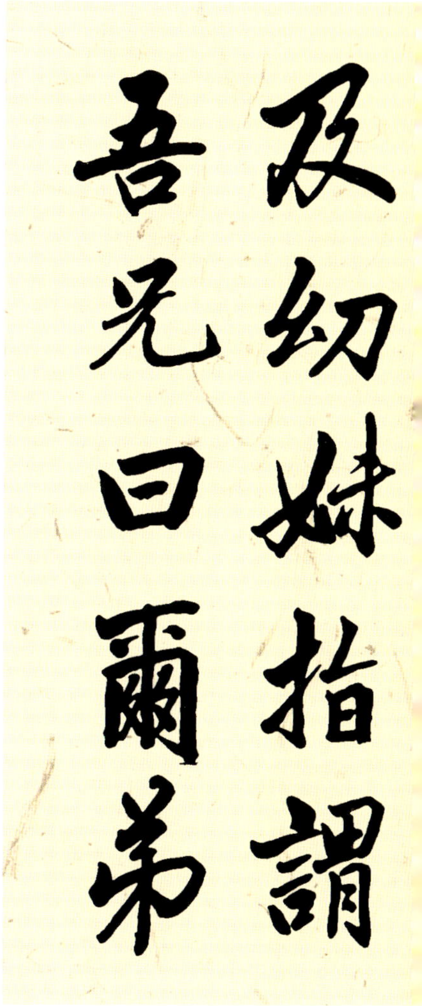
及幼妹指謂
吾兄曰爾弟

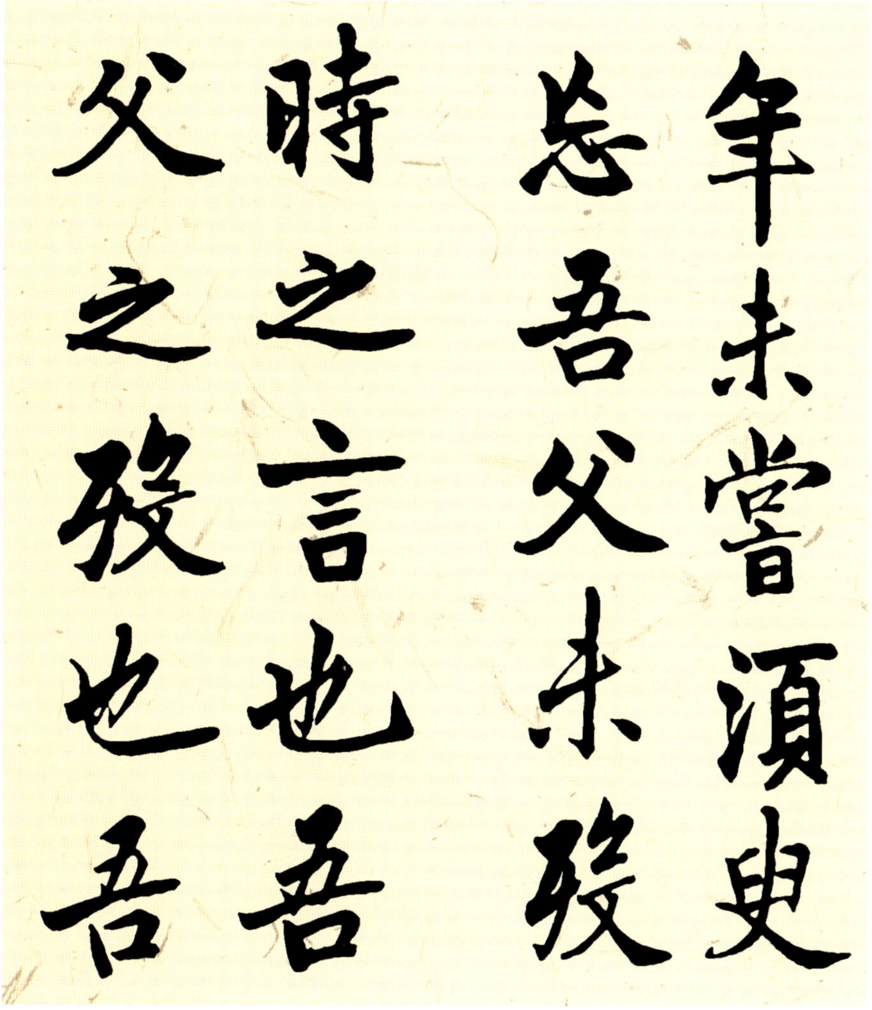
年未嘗須臾
忘吾父未發
時之言也吾
父之發也吾

1918年，朱执信撰书的《蒋肃庵先生墓志铭》，他的书法功力与谭延闿书法各见风采。（此为片段）

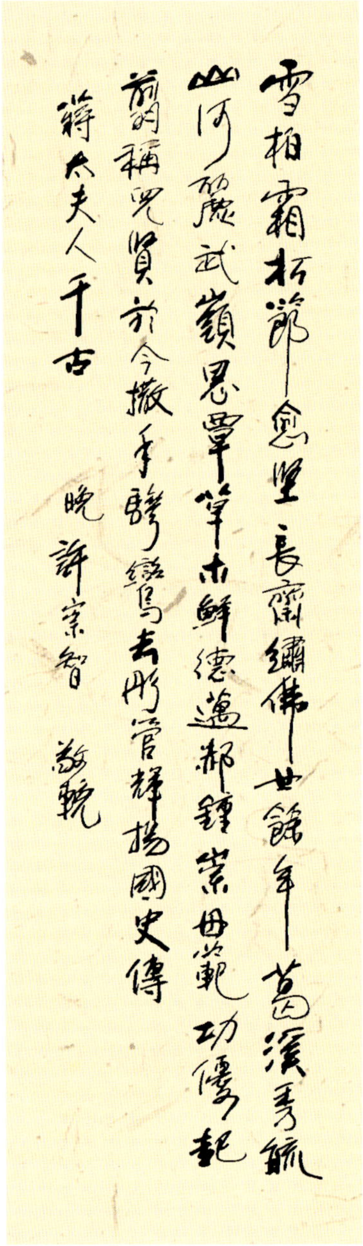

许崇智题蒋母挽诗

许崇智 （1886–1965），是晚清礼部尚书、闽浙总督许应骙（1832–1903）的侄孙，字汝为，出生于广州。国民党早期主要军事领导人之一，也是国民党前期右派代表人物之一。曾任福州陆军第十镇第二十协协统、中华革命党军务部长、护法军政府大元帅府参军长、粤军第二军军长、北伐军总指挥、东路讨贼军司令等职。

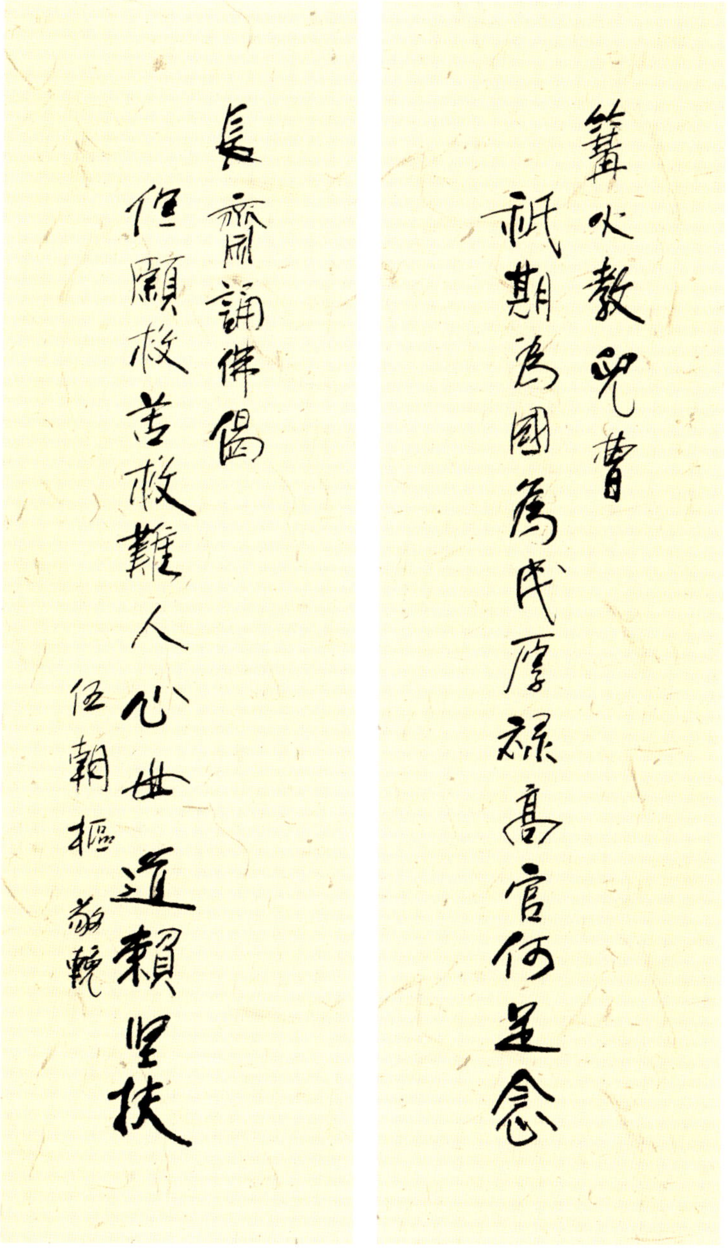
篝火教兒曹
祇期為國為民厚祿高官何足念
長齋誦佛偈
但願救苦救難人心世道賴匡扶
伍朝樞敬輓

伍朝枢题蒋母挽联

伍朝枢 （1887—1934），字梯云，广东新会人，生于天津。伍廷芳之子，民国时期外交家、书法家。曾任广东军政府外交部次长、广东大元帅府外交部部长等职。南京国民政府时期，曾任外交部部长、驻美公使、广东省政府主席、国民政府委员等职。

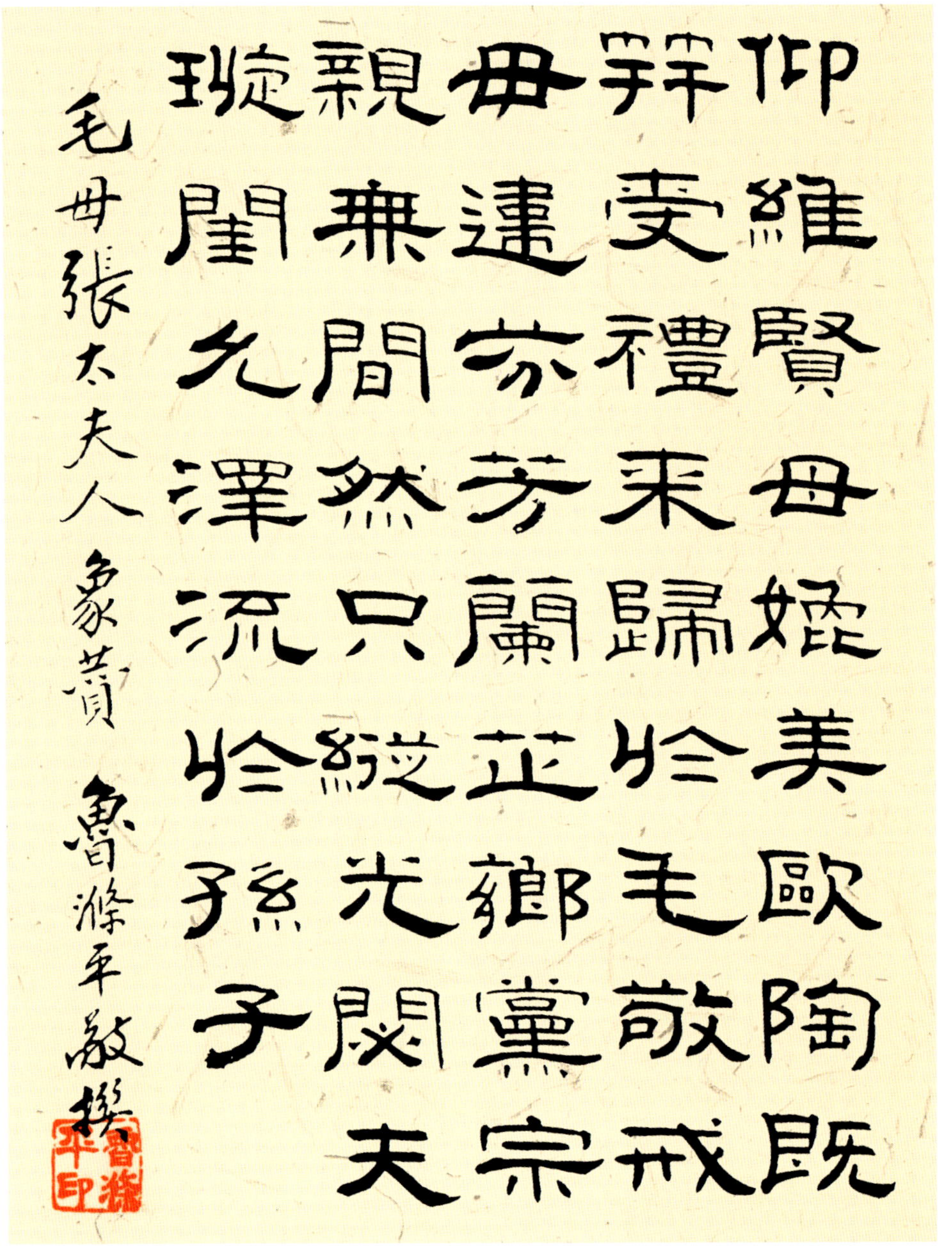

鲁涤平题毛母张太夫人像赞

鲁涤平（1887–1935），字咏庵，别号无烦。湖南宁乡道林镇高茅屋人。中国国民党高级将领，曾任湖南、浙江、江西省主席。后任国民政府军事参议院副院长。

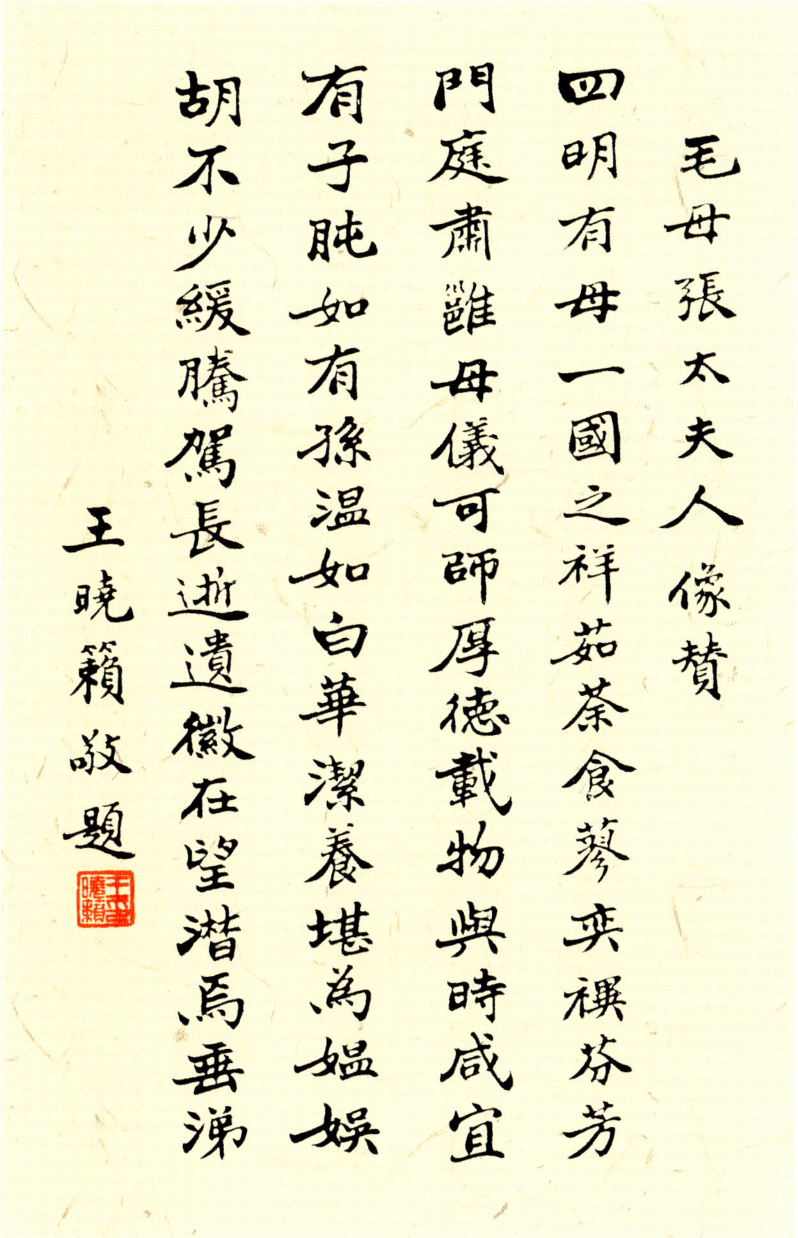
毛母張太夫人像贊
四明有母一國之祥茹荼食蓼奕禩芬芳
門庭肅雝母儀可師厚德載物與時咸宜
有子肫如有孫温如白華潔養堪為媪娱
胡不少緩騰駕長逝遺徽在望潛焉垂涕
王曉籟敬題

王晓籁题毛母张太夫人像赞

王晓籁（1887—1967），名孝赉，别号得天，后改号晓来，浙江嵊县普义乡（今嵊州甘霖镇）白泥墩村人。出身富户。1907年参加光复会。辛亥革命后，与陈其美、蒋介石等人关系密切。20世纪30年代，出任全国商会联合会理事长，成为『海上闻人』。抗战胜利后，再次担任此职。1950年初自香港返回上海，受到毛泽东、周恩来的接见和宴请。

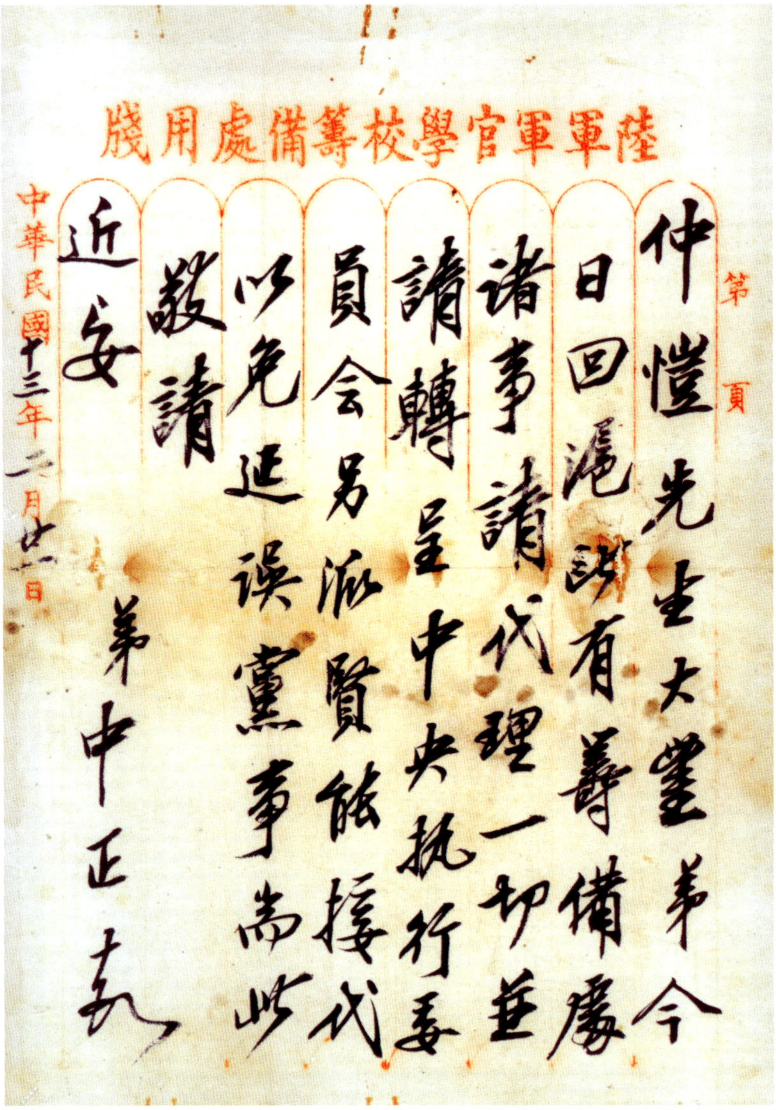

陸軍軍官學校籌備處用箋

第　頁

仲愷先生大鑒：弟今日回滬，所有籌備處諸事請代理一切，並請轉呈中央執行委員會另派賢能接代，以免延誤黨事。尚此敬請
近安
弟中正啟

中華民國十三年二月廿一日

蒋介石致廖仲恺函

蒋介石（1887—1975），官名中正，字介石，谱名周泰，乳名瑞元，学名志清，浙江奉化溪口人。前期历任黄埔军校校长、国民革命军第一军军长、国民革命军总司令等职。南京国民政府时期，曾任国民政府主席兼陆海空军总司令、行政院院长、国防最高会议主席、总统等职。

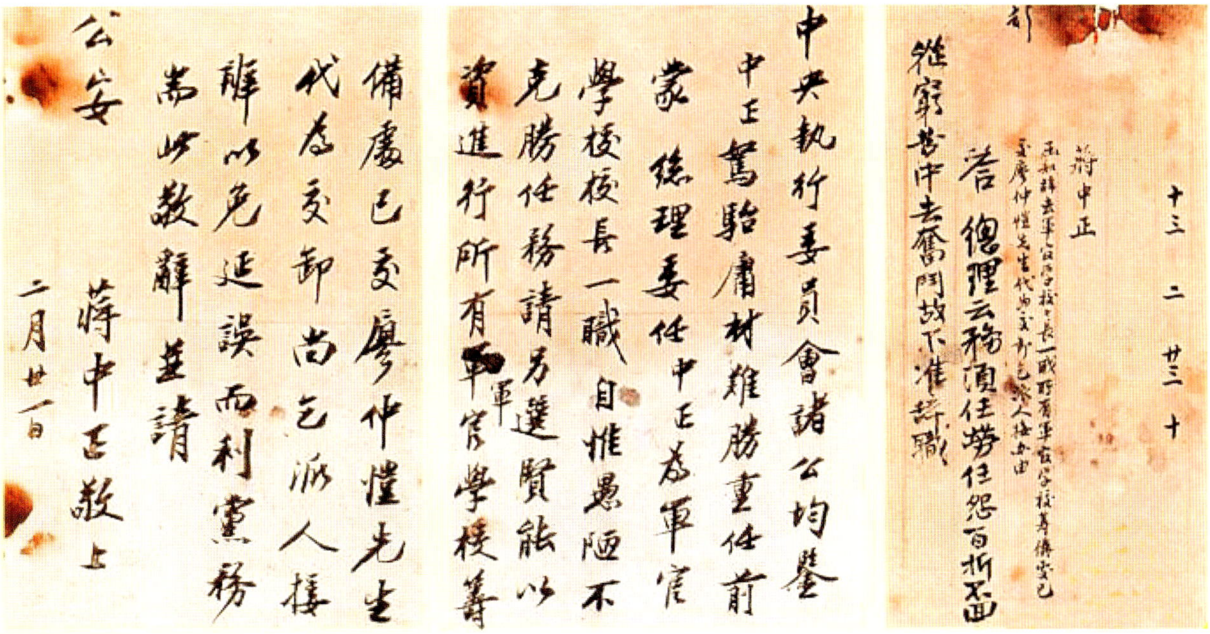

十三 二 廿三 十

蔣中正

函請辭去軍官學校校長一職所有軍官學校籌備處已交廖仲愷先生代為交卸乞派人接辦由

答 總理云務須任勞任怨百折不回雖窮苦中去奮鬥故不准辭職

中央執行委員會諸公均鑒

中正駑駘庸材難勝重任前蒙總理委任中正為軍官學校校長一職自惟愚陋不克勝任務請另選賢能以資進行所有軍官學校籌備處已交廖仲愷先生代為交卸尚乞派人接辦以免延誤而利黨務特此敬辭並請

公安

蔣中正敬上

二月廿一日

蒋介石致国民党中央执行委员会辞职函

蒋介石题溪口蒋氏宗祠门楼额

蒋介石题妙高台别墅额

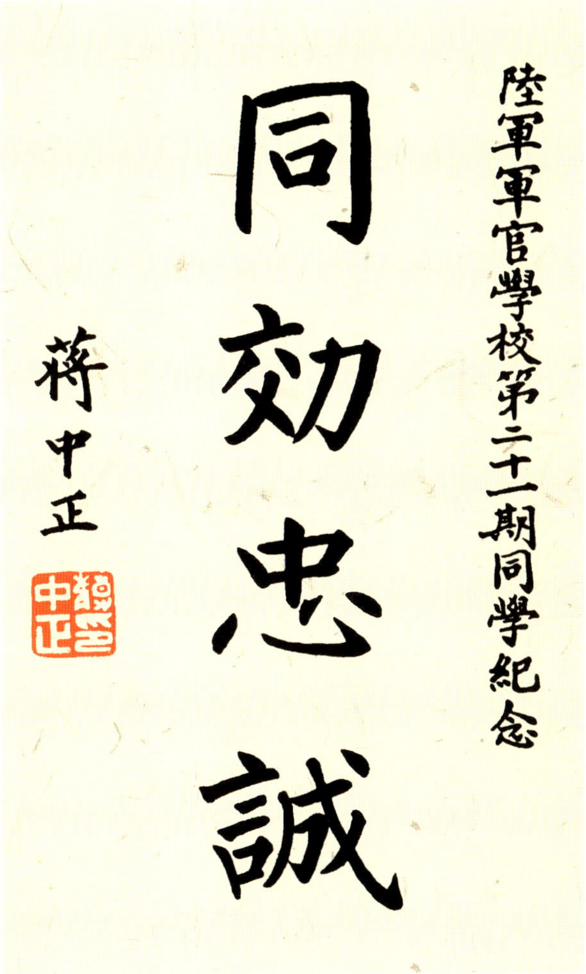

1947年12月，蒋介石为陆军军官学校（黄埔军校）第21期题词。

1927年，蒋介石为雪窦寺山门题门额『四明第一山』。

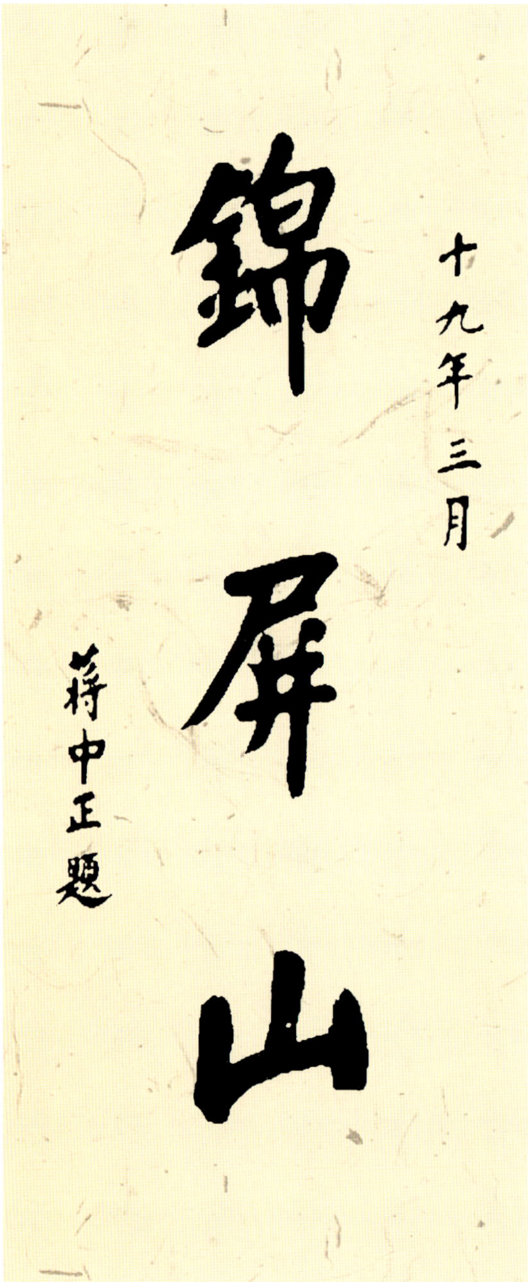

锦屏山位于奉化城区，蒋介石早年在县城凤麓、龙津学堂求学，暇间每与意气相投的同学登高览胜。1930年3月，蒋重上此山，题写山名，勒石置于山顶望远亭内。

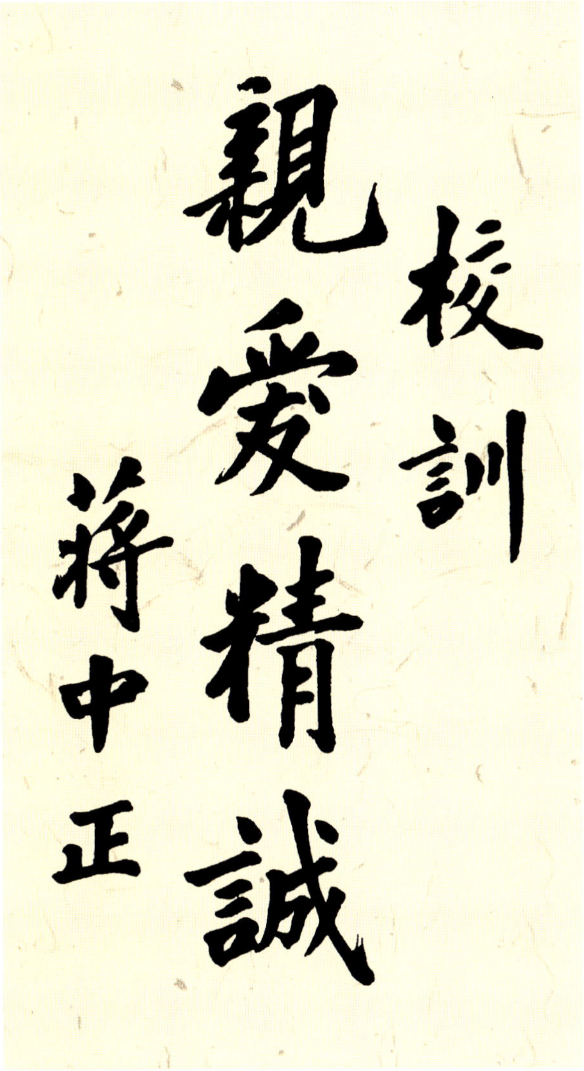
校訓
親愛精誠
蔣中正

1924年，蒋介石题黄埔军校校训。

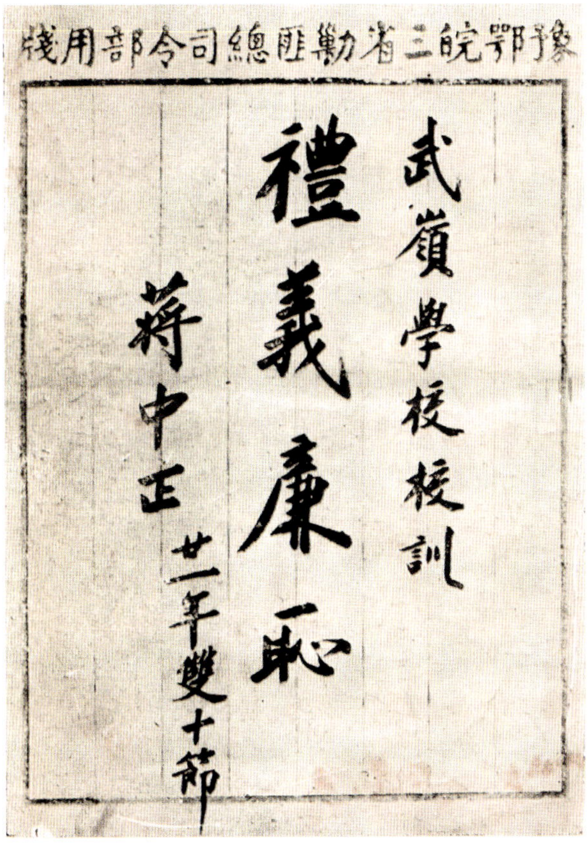
豫鄂皖三省勦匪總司令部用箋
武嶺學校校訓
禮義廉恥
蔣中正
廿一年雙十節

1932年，蒋介石题溪口武岭学校校训。

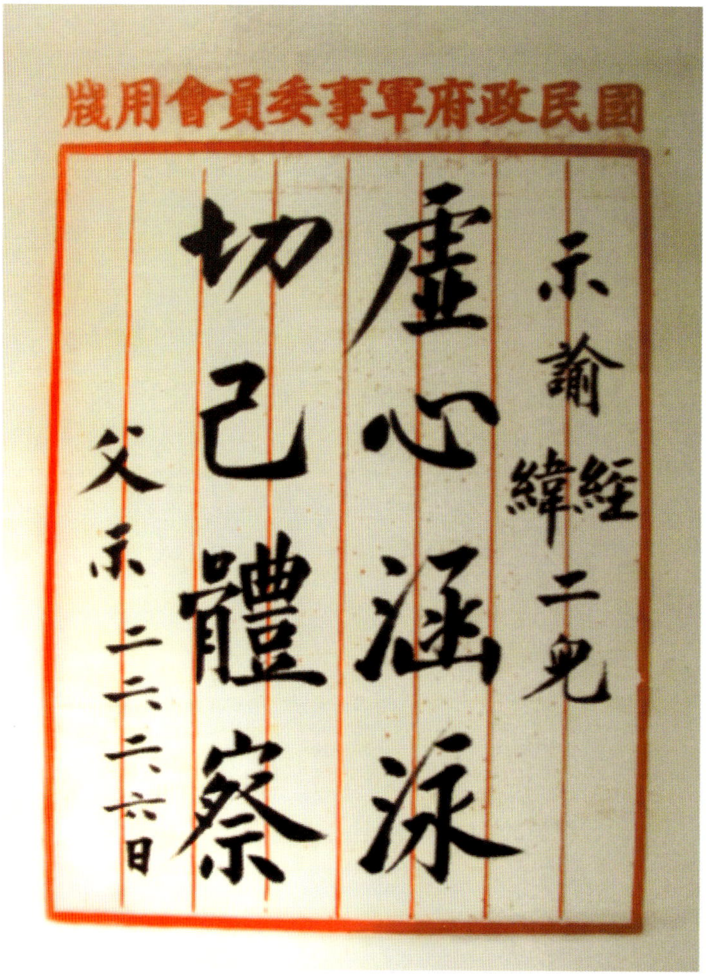

國民政府軍事委員會用箋

示諭經緯二兒

虛心涵泳

切己體察

父示 二二、二、六日

1933年2月6日蒋介石示谕蒋经国、蒋纬国两儿。

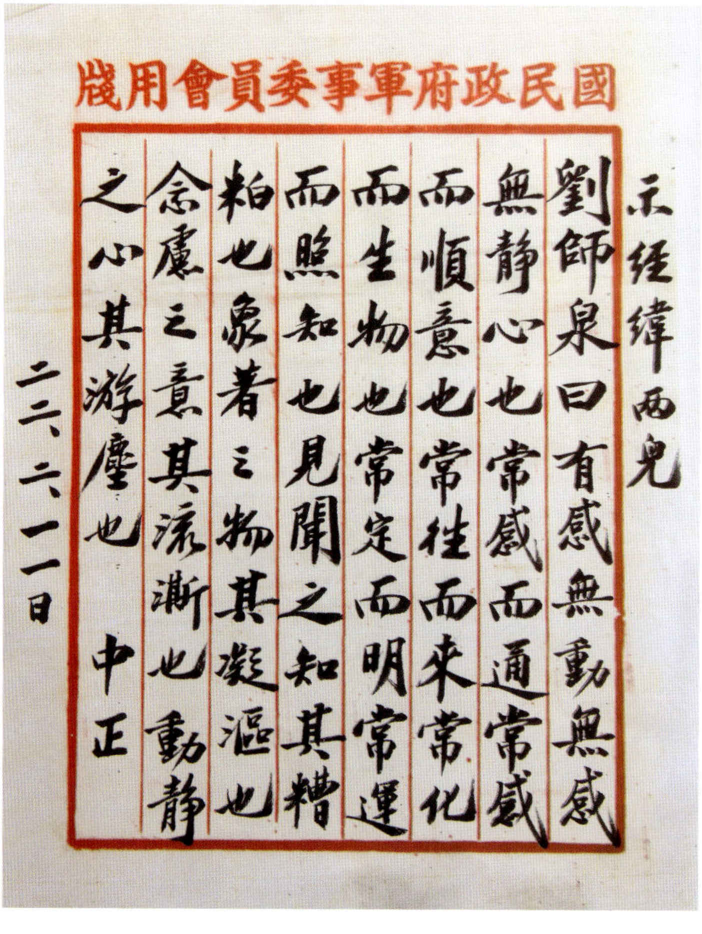

國民政府軍事委員會用箋

示经纬两兒

劉師泉曰有感無動無感
無靜心也常感而通常感
而順意也常往而來常化
而生物也常定而明常運
而照知也見聞之知其糟
粕也象著之物其凝滓也
念慮之意其流漸也動靜
之心其游塵也 中正

二二、二、一一日

1933年2月11日蒋介石示谕蒋经国、蒋纬国两儿。

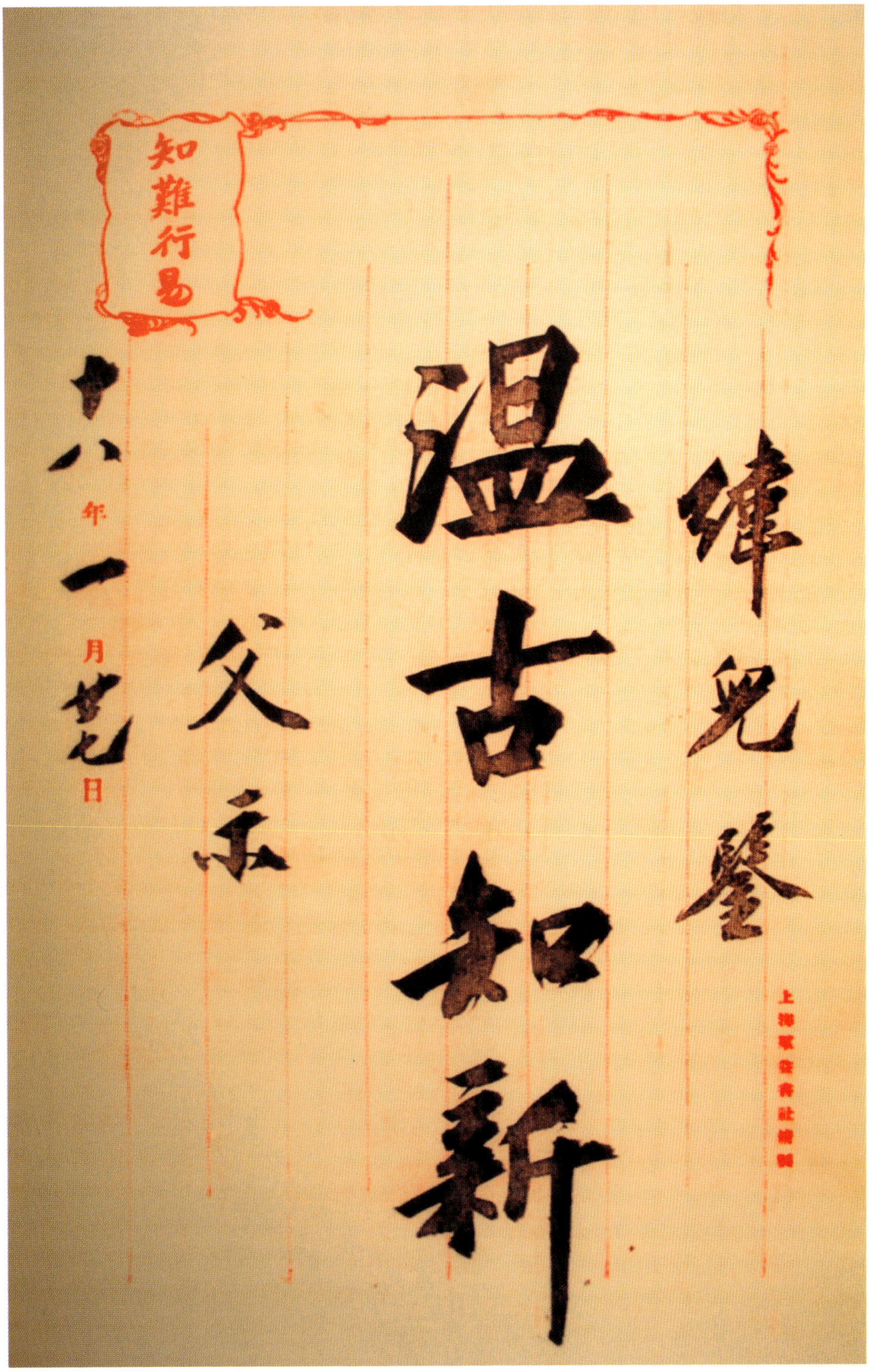

1929年1月，蒋介石示谕儿子蒋纬国。

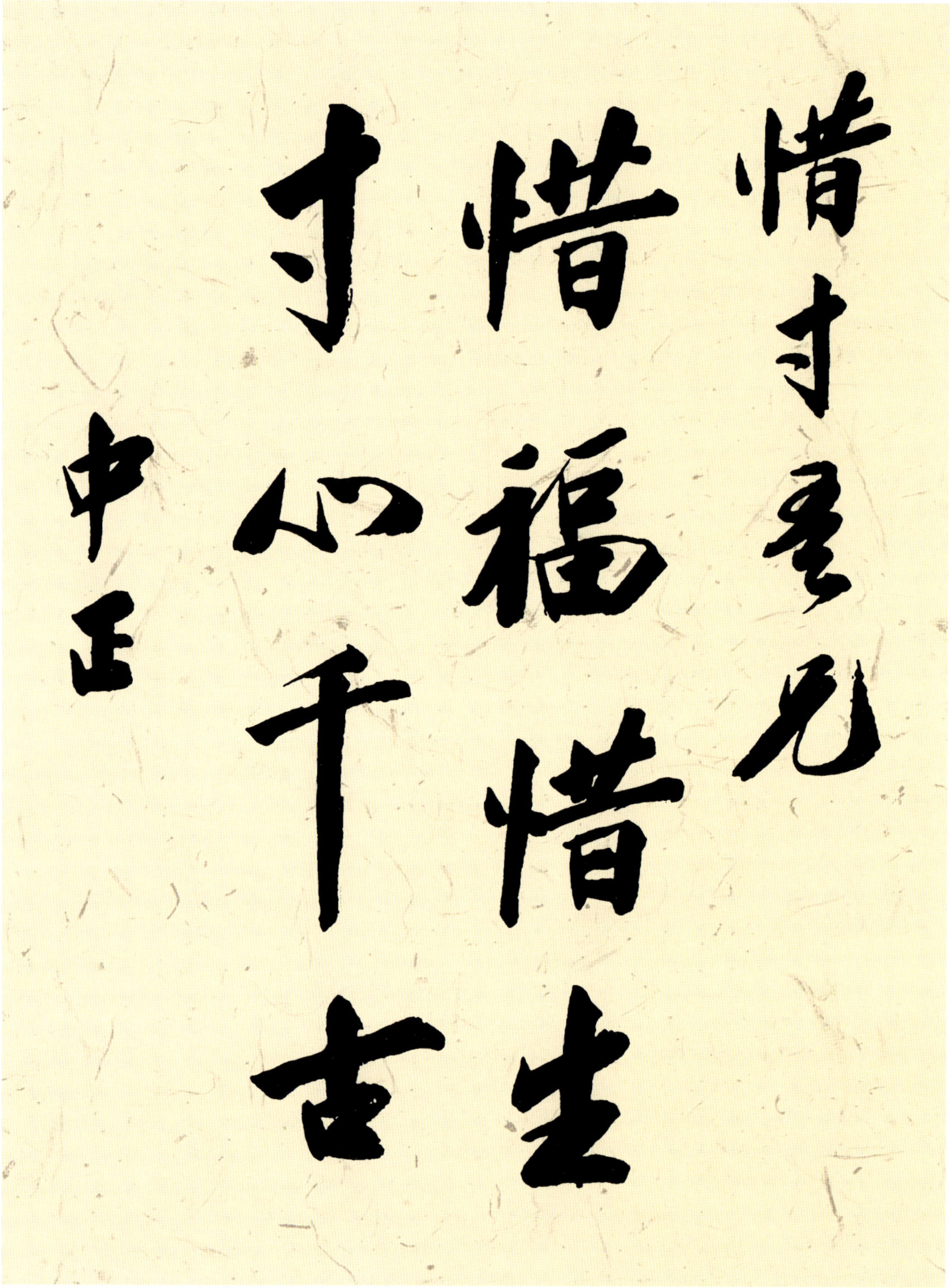

蒋介石为王惜寸题词。王惜寸，蒋介石母亲的族人，曾任浙江省财政厅长等职。1949年蒋介石第三次下野回溪口，是最后一次回家乡，也是停留时间最长的一次。在此期间蒋介石访亲问友，题赠较多。

蒋介石为王良鹤题词。王良鹤，蒋介石侍卫长王世和的父亲，王采玉族侄，曾任玉泰盐铺的管账先生。

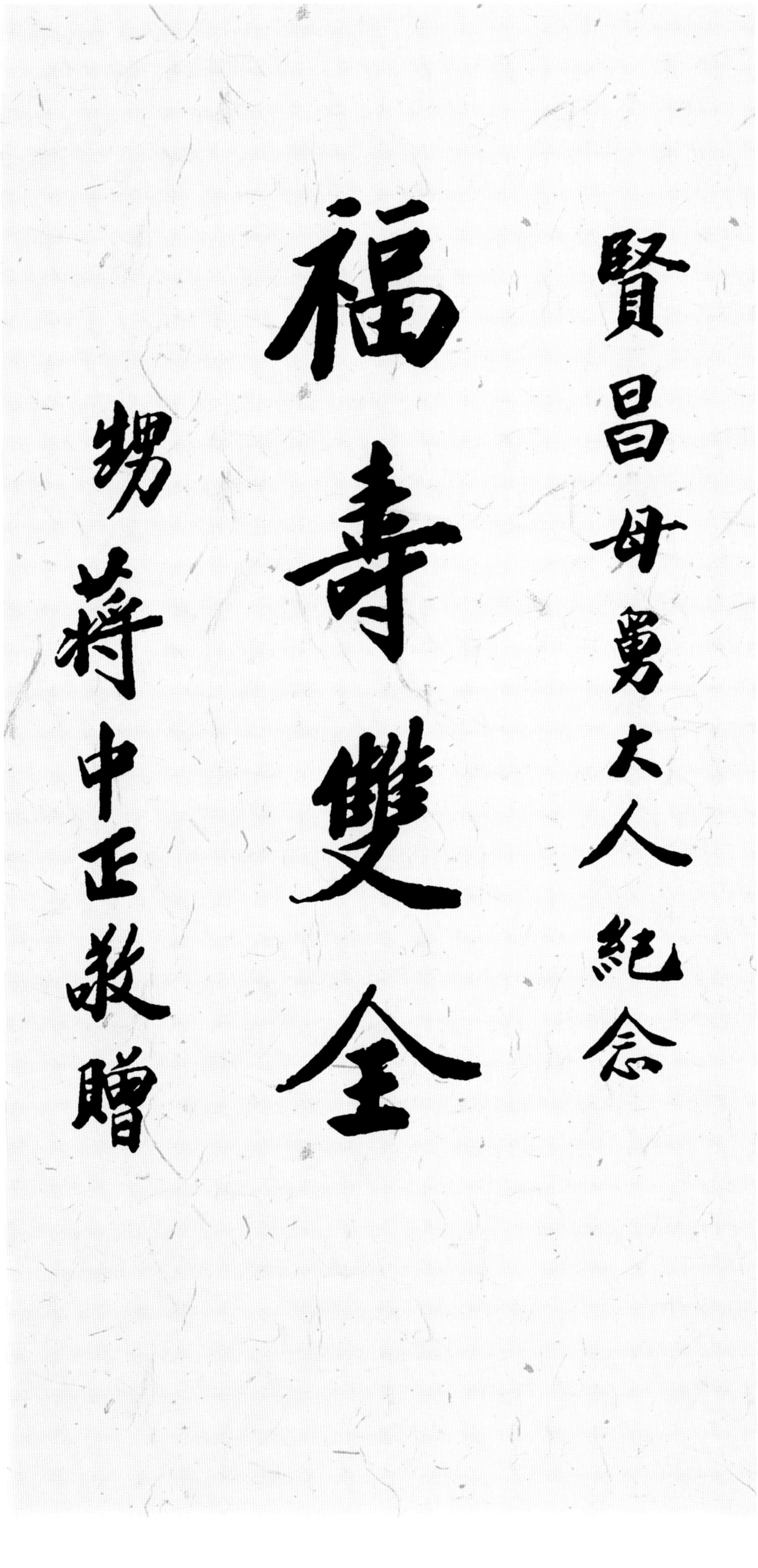
賢昌母舅大人紀念
福壽雙全
甥蔣中正敬贈

蒋介石为王贤昌（王采玉的堂兄）题词

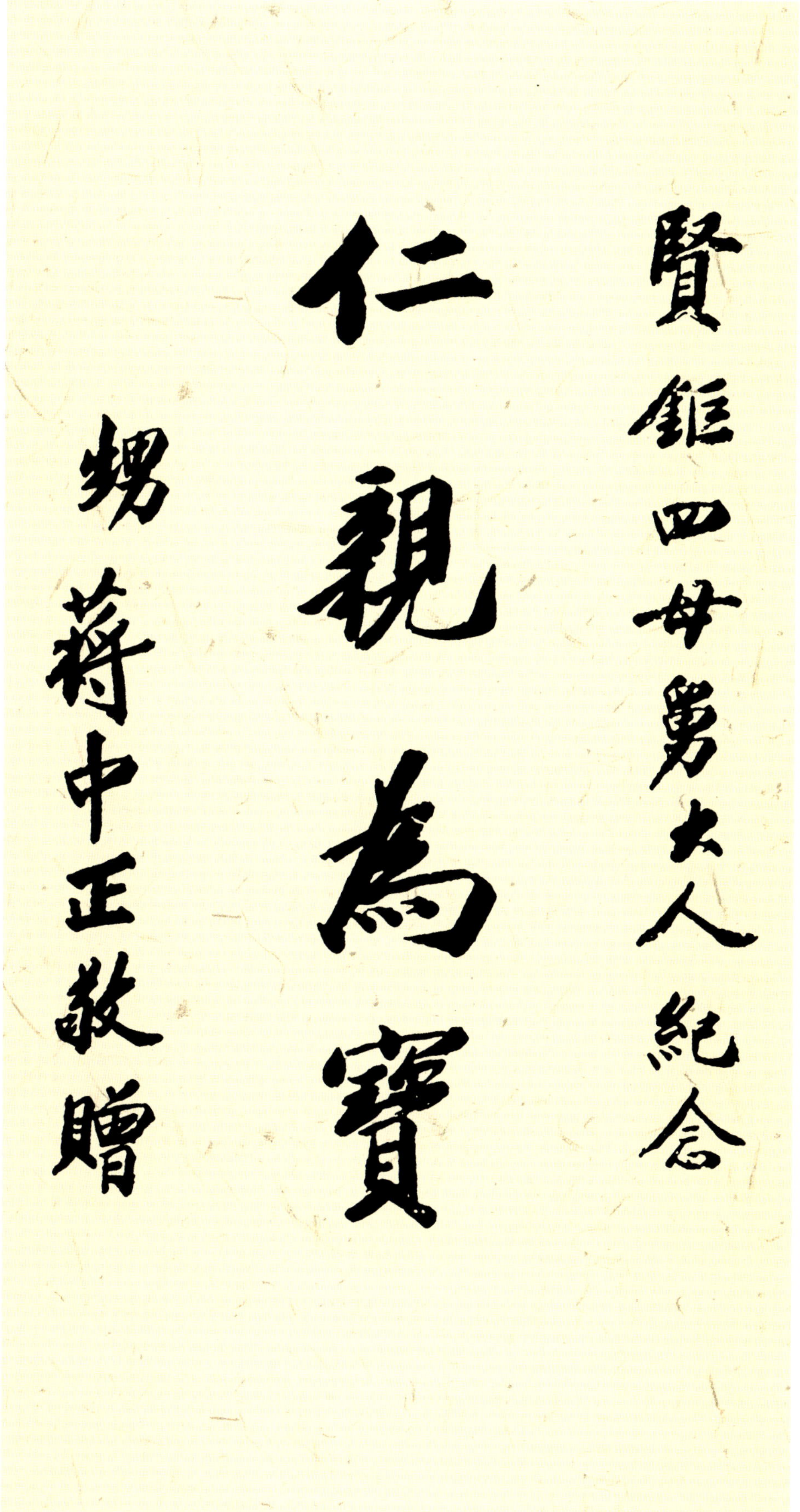
賢鉅四母舅大人紀念
仁親為寶
甥蔣中正敬贈

蒋介石为舅父王贤钜（王采玉的胞弟）题词

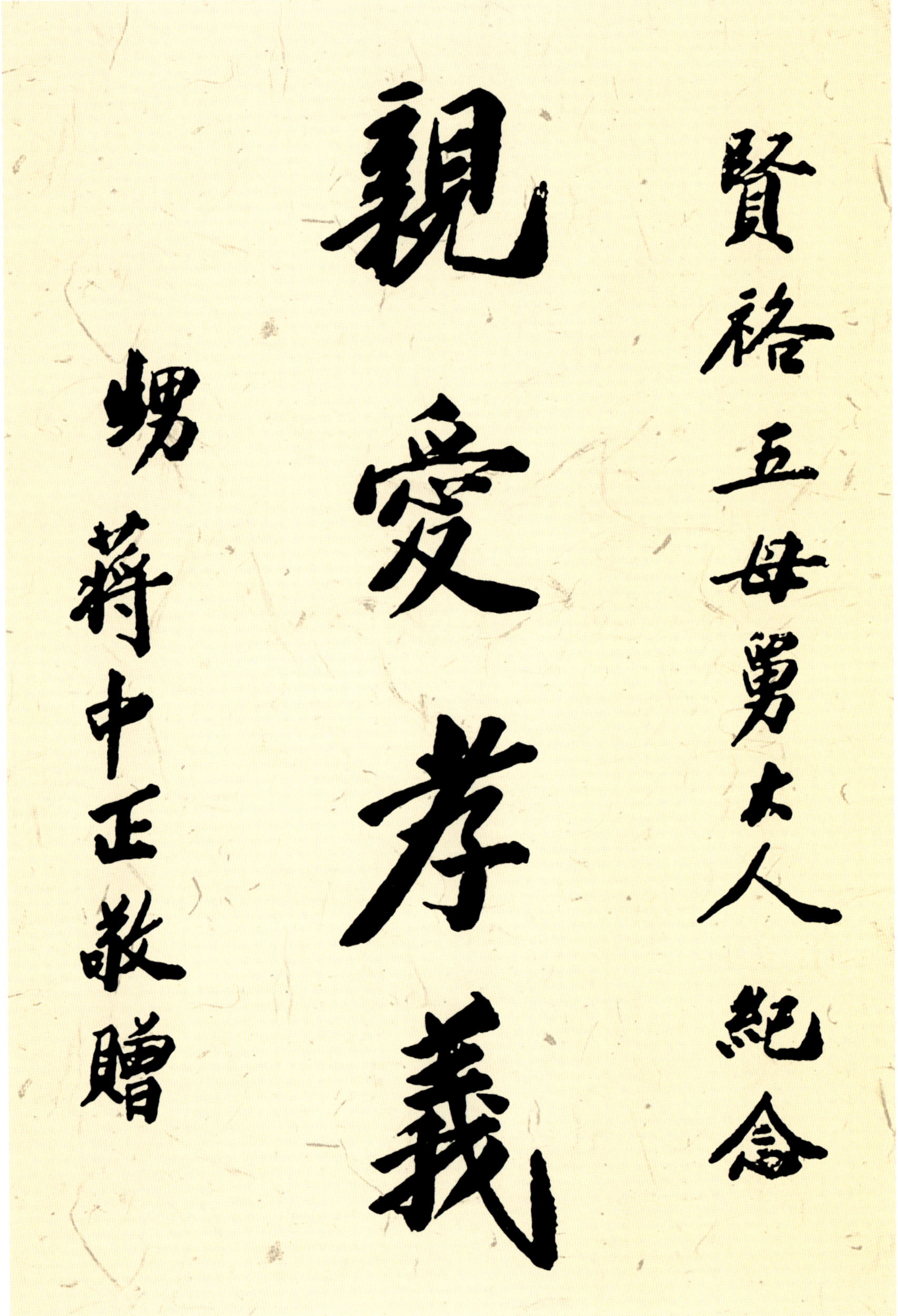

蒋介石为舅父王贤裕（王采玉的胞弟）题词

1948年《武岭蒋氏宗谱》圆谱，修谱活动得到溪口镇政府的人力、物力襄助，蒋介石亲书『乡国望隆』四字赠与镇长蒋立祥。

蒋介石为堂舅王贤甲八十寿辰题写的匾额，现悬挂于葛竹村蒋堂表弟王震南故居中堂上首。

台北中国国民党党史馆收藏的『蒋中正印』、『介石』两枚印章。

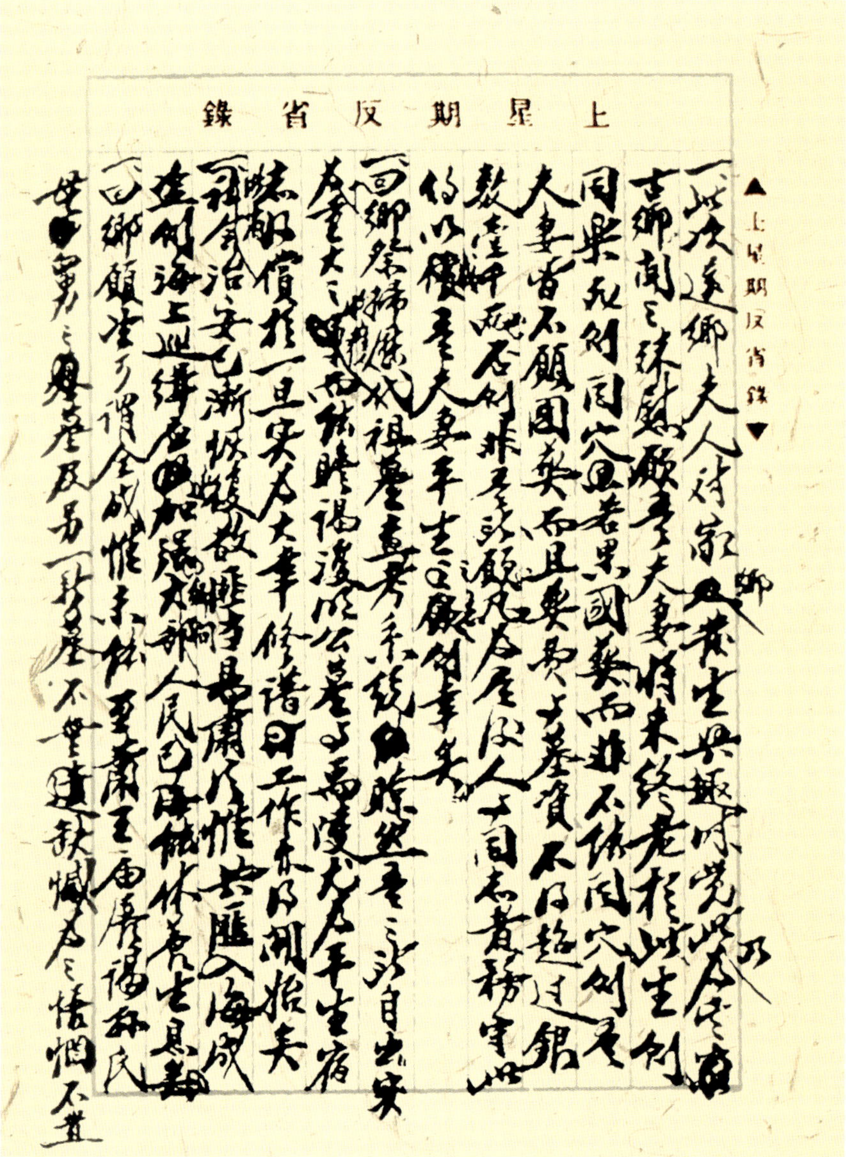

蒋介石日记片段。写日记是蒋介石坚持了57年的老习惯。对蒋介石日记有精深研究的杨天石教授这么评价蒋的日记：『主要是写给自己看的，目的在自用，而不在示人传世，因为蒋生前从未公布过自己的日记，还写了自己的许多隐私。』史学界也普遍认为，蒋的日记与那些『写给人看』的日记完全不同。在这个日记片段中，蒋还披露了鲜为人知的史实：他与宋美龄都喜欢故乡溪口，愿将来终老于此；不愿国葬，愿生则同乐死则同穴。

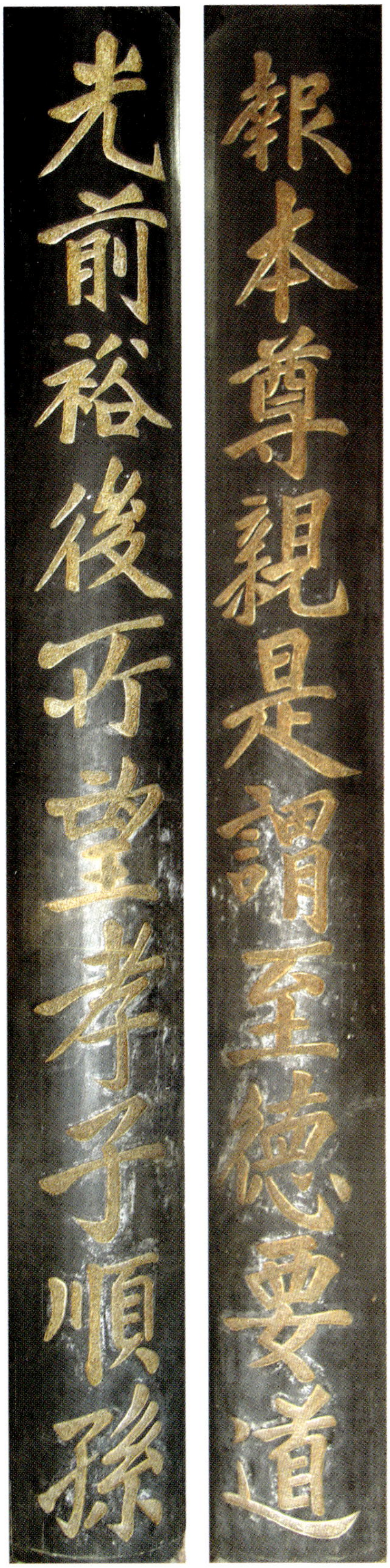

沙孟海撰、蒋介石书报本堂楹联

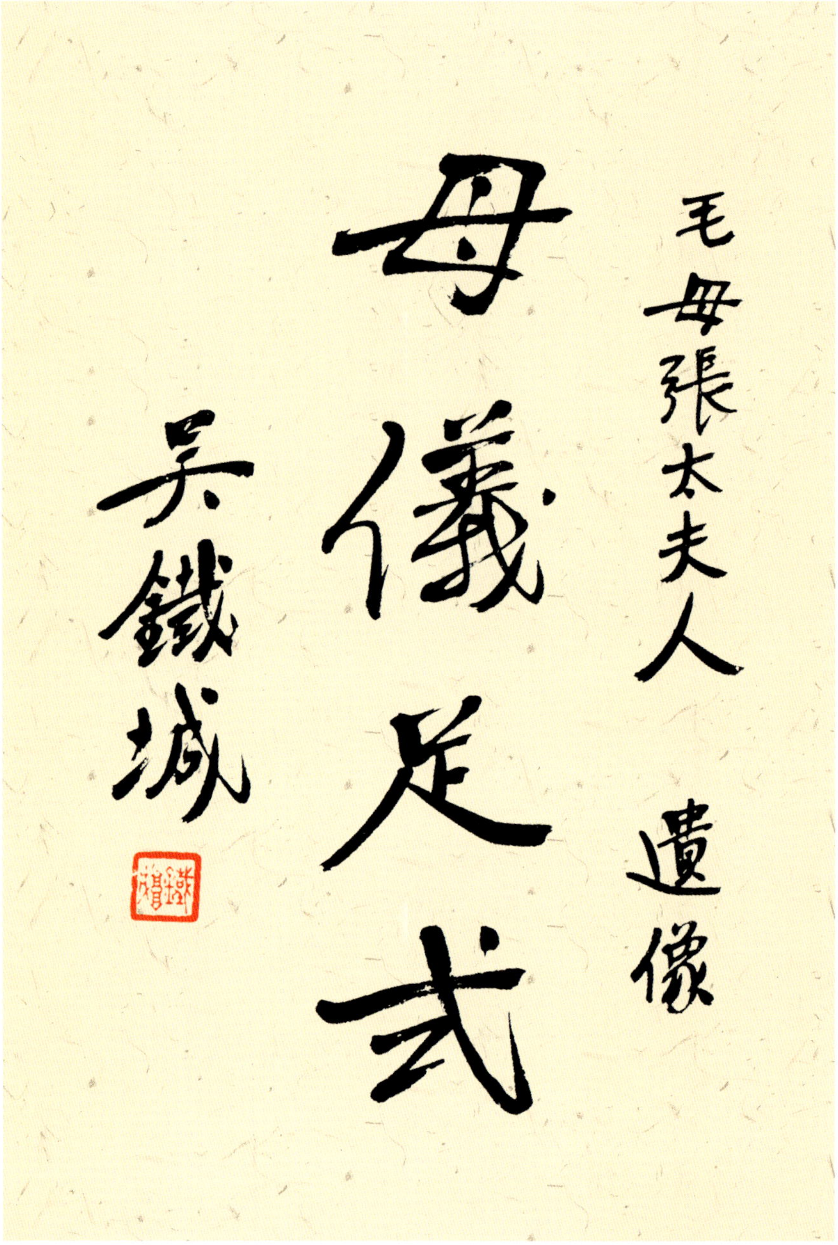

吴铁城题毛母张太夫人遗像

吴铁城　（1888—1953），字铁城，广东香山人，生于江西九江。早年追随孙中山先生，参加过辛亥革命和护国、护法斗争。北伐后曾任国民党中央海外部部长、国民党中央秘书长、立法院副院长、行政院副院长兼外交部部长等职。长期负责国民党的海外工作。1949年赴台。

吴铁城印

孙鹤皋题王恩溥墓碑

孙鹤皋（1888—1970），原名天孙，浙江奉化人。银行家，实业家，藏书家，擅长书法国画。早年留学日本，追随孙中山先生致力于辛亥革命事业。先在清政府财政部库藏司任职，后曾任上海沪军都督府参事、广东中国银行协理、东北军副司令、东北新军司令等职。

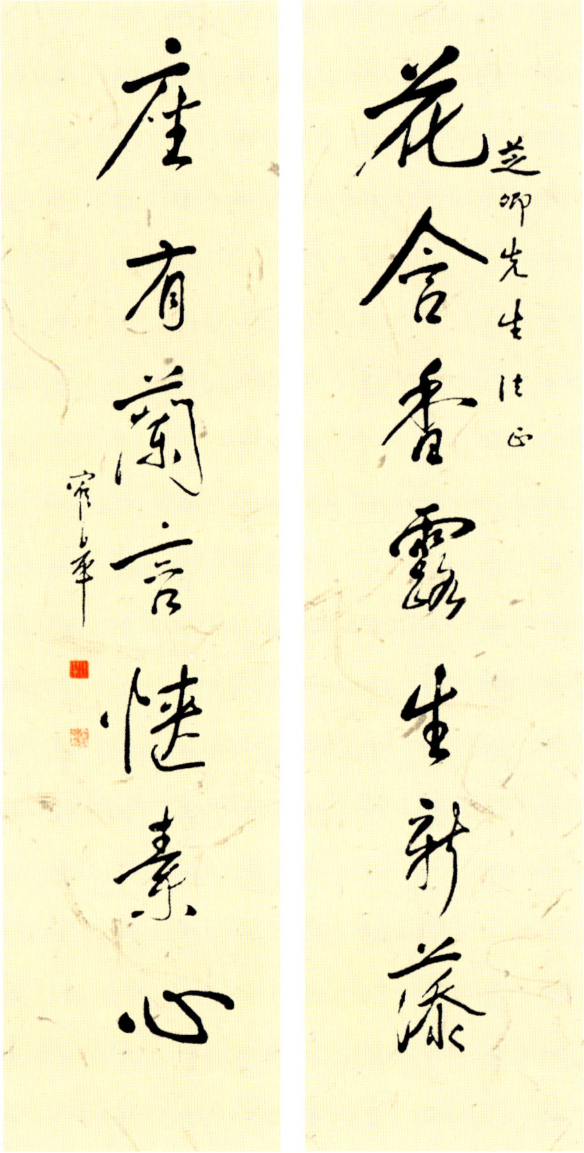

孙鹤皋七言行书

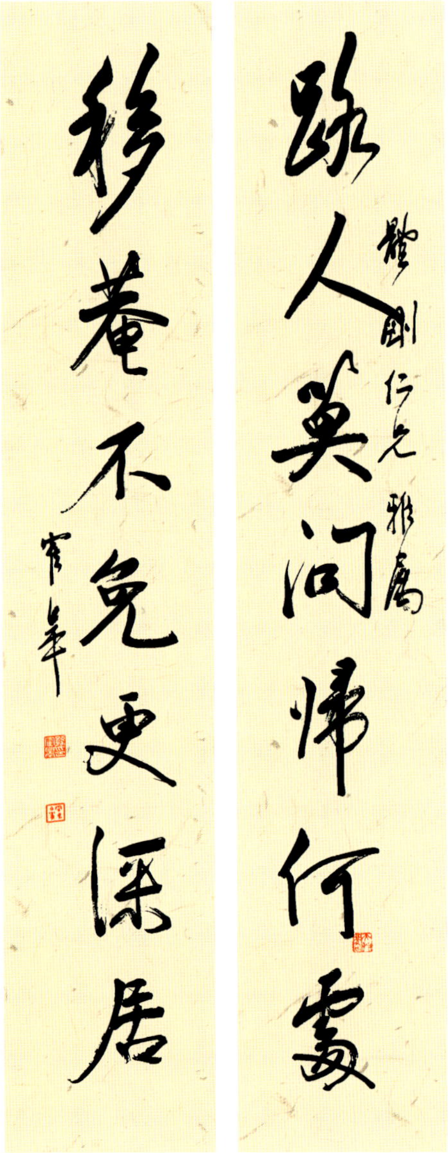

孙鹤皋七言行书

邵元冲题周淡游灵表

邵元冲（1890—1936），字翼如，浙江绍兴人。毕业于杭州浙江高等学堂。蒋介石义弟。曾任中华民国国民政府建立后第一任杭州市市长，立法院副院长、代院长等职。他也是《中华民国国歌》的作词者之一。

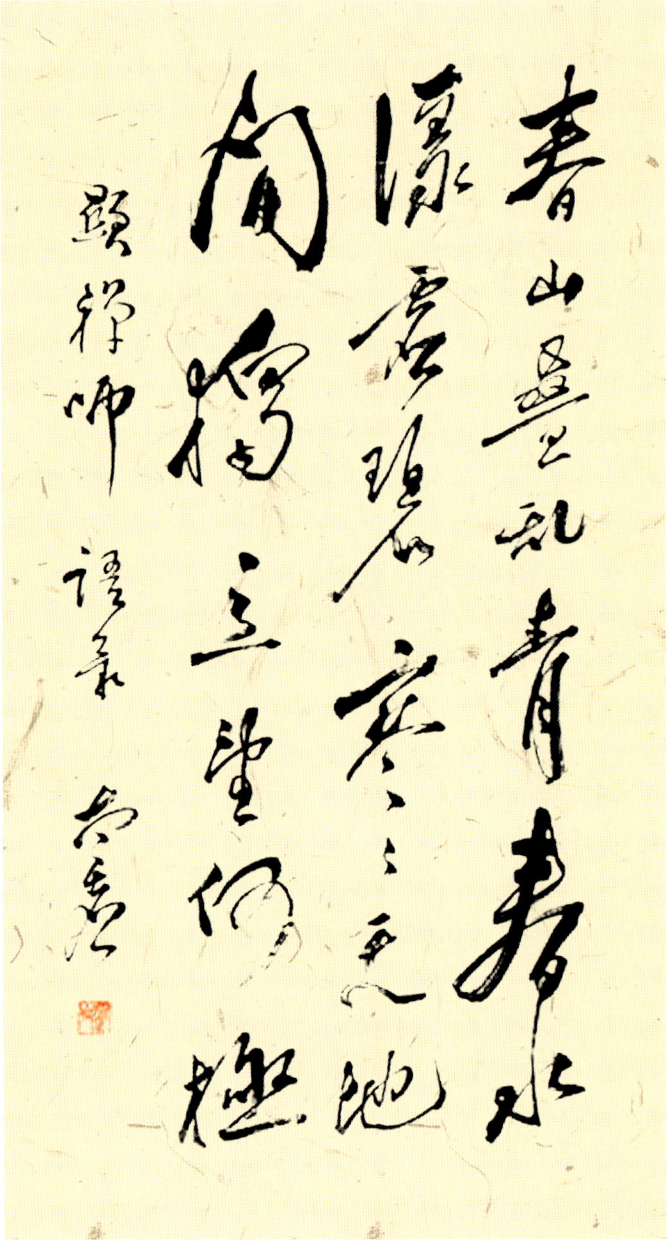

太虚大师书宋代雪窦寺住持重显禅师颂古一则

太虚 （1890—1947），俗名吕淦森、吕沛林，祖籍浙江崇德（今桐乡），生于海宁长安镇。中国近现代佛学大师、佛教界领袖。1932年重阳节，应蒋介石之邀，出任溪口雪窦寺方丈。抗战胜利后，太虚任中国佛教整理委员会主任。1947年3月17日，于上海玉佛寺圆寂。

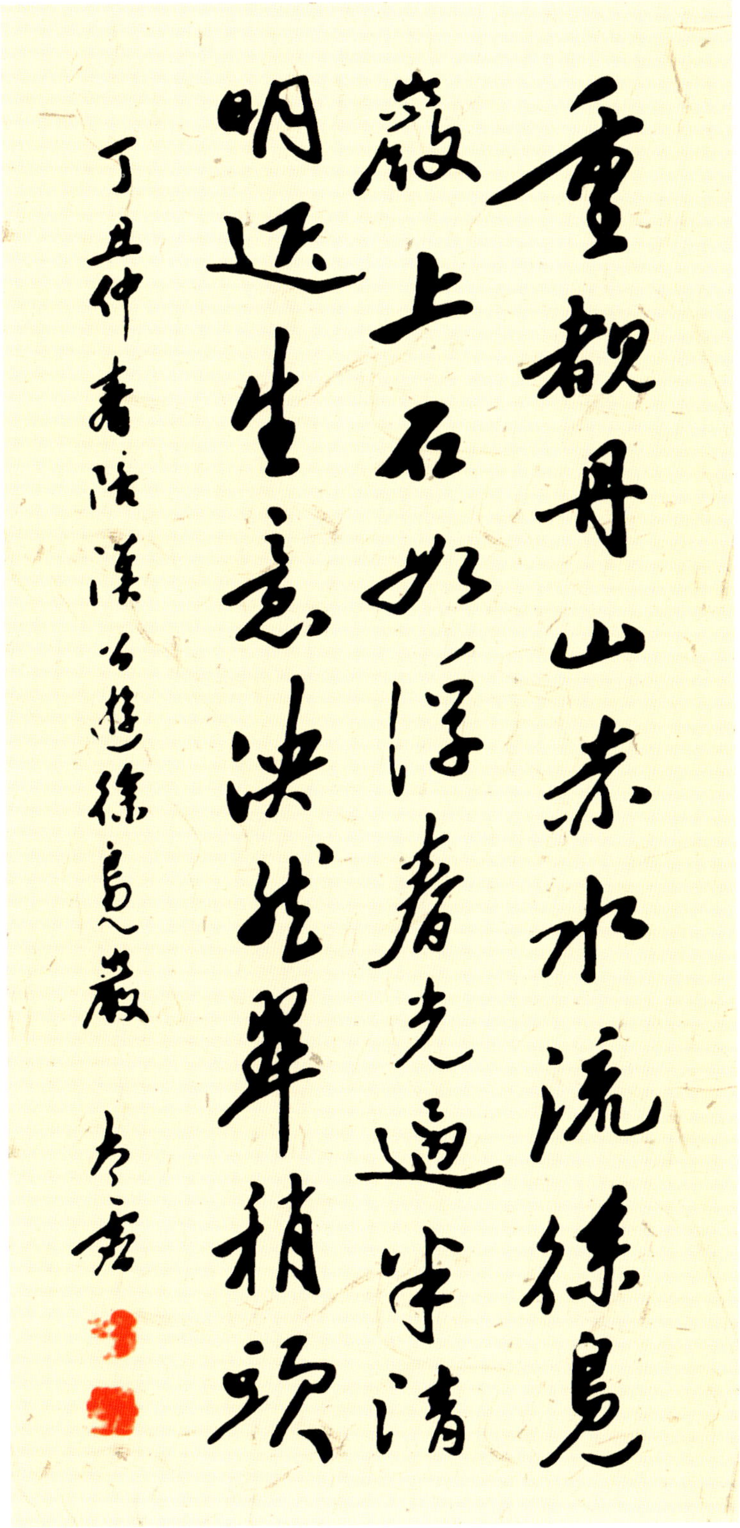

太虚大师题赞徐皃岩诗

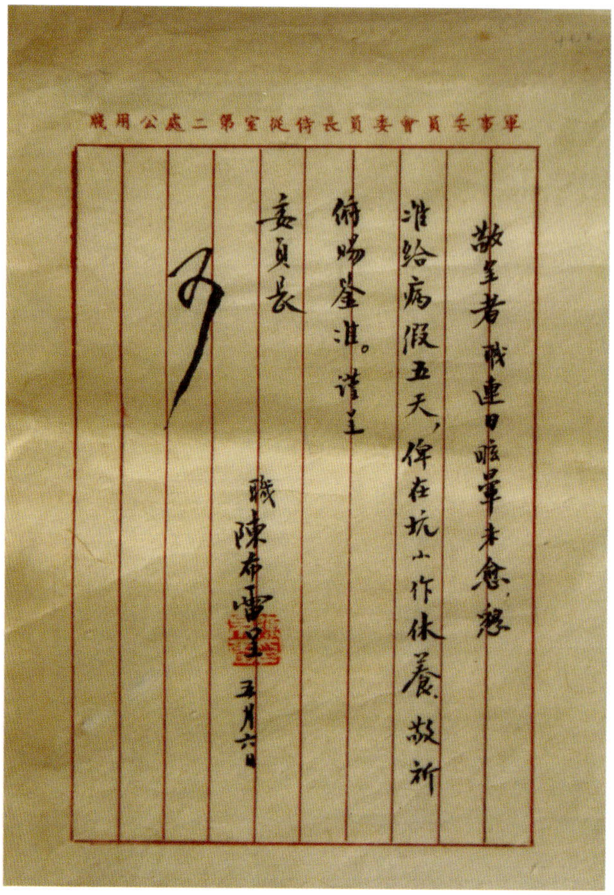

軍事委員會委員長侍從室第二處公用箋

敬呈者：職連日眩暈未愈，懇准給病假五天，俾在杭小作休養。敬祈俯賜鑒准。謹呈

委員長

可

職陳布雷（印）

五月六日

陈布雷致蒋介石请假条

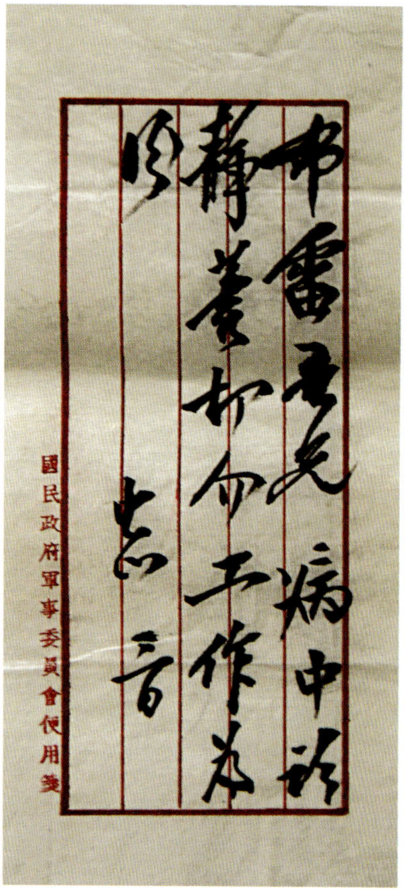

布雷吾兄：病中務静養，切勿工作為盼。中正

國民政府軍事委員會便用箋

蒋介石批复陈布雷请假

陈布雷

（1890—1948），名训恩，字彦及，笔名布雷、畏垒，浙江慈溪人。民国时期著名评论家。1912年3月加入同盟会，1920年赴上海，先在商务印书馆编译《韦氏大字典》，后任《商报》主编，受蒋中正赏识，弃文从政。1927年加入国民党。曾任浙江省政府秘书长、国民党中央党部秘书长、《时事新报》主编、国民党中央宣传部副部长、蒋介石侍从室第二处主任等职。被称为蒋中正之文胆。

陈布雷

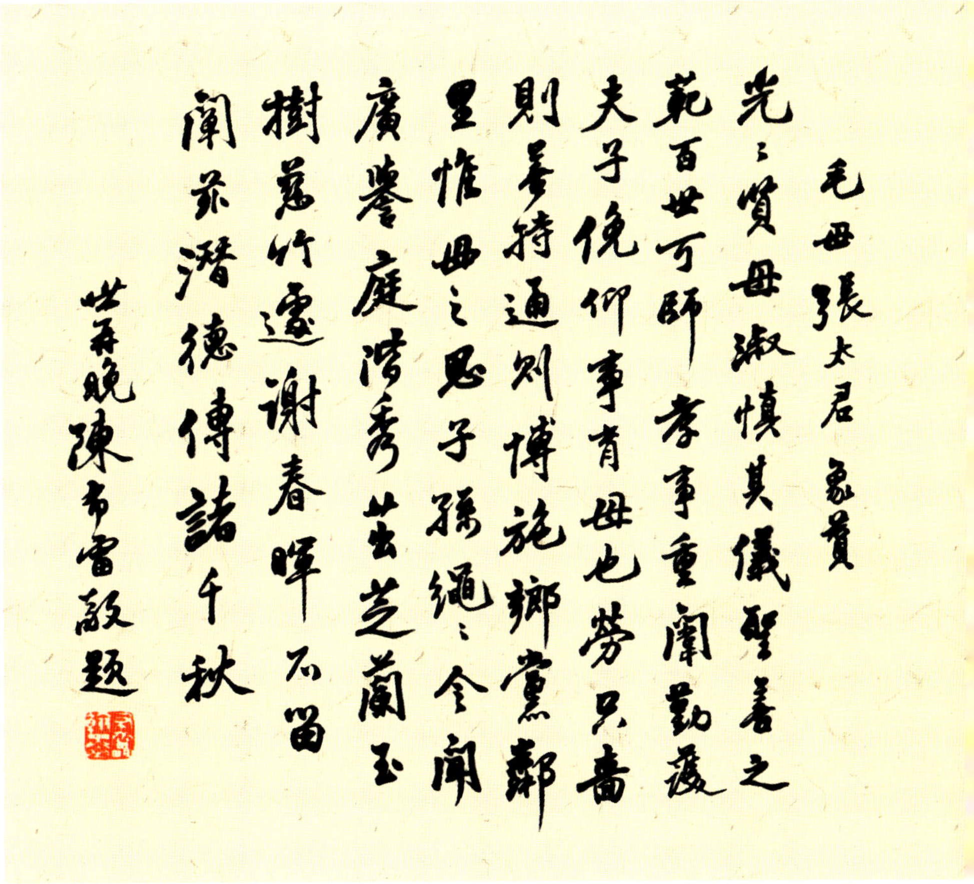
毛母張太君象贊
光光質母淑慎其儀聖善之
範百世可師 孝事重闈勤護
夫子俛仰事育母也勞只窮
則善持通則博施鄉黨鄰
里惟母之思子孫繩繩令聞
廣譽庭階秀茁芝蘭玉
樹蒼竹遶謝春暉不留
蘭芬潛德傳諸千秋
世再晚陳布雷敬題

陈布雷题毛母张太君像赞

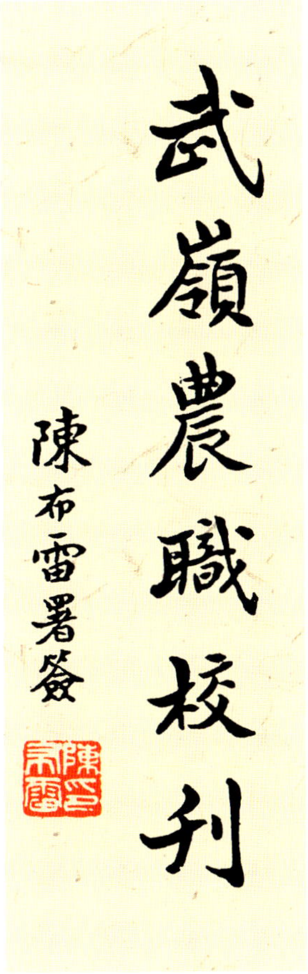
武嶺農職校刊
陳布雷署簽

陈布雷题武岭农职校刊

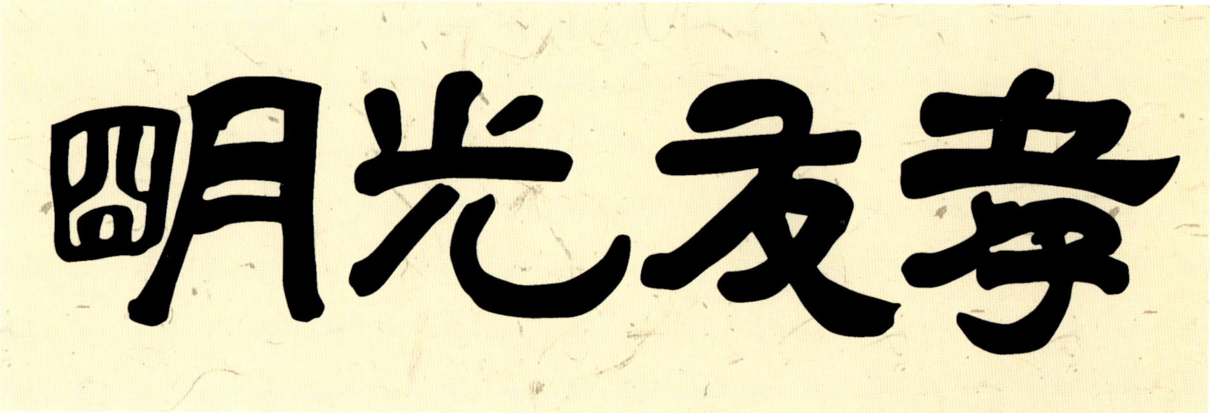

蒋介石元配毛福梅五十寿庆之际，时任军政部部长的何应钦为其题词，制匾敬献给毛福梅。此匾藏于溪口博物馆。

何应钦（1890—1987），字敬之，贵州兴义人。南京国民政府时期，曾任参谋总长兼代军委会主席、训练总监部总监、军政部部长、参谋本部参谋总长、中国陆军总司令、行政院院长、国防部部长等职。

何应钦是蒋介石的重要幕僚之一，曾多次来溪口。

敬之翰墨

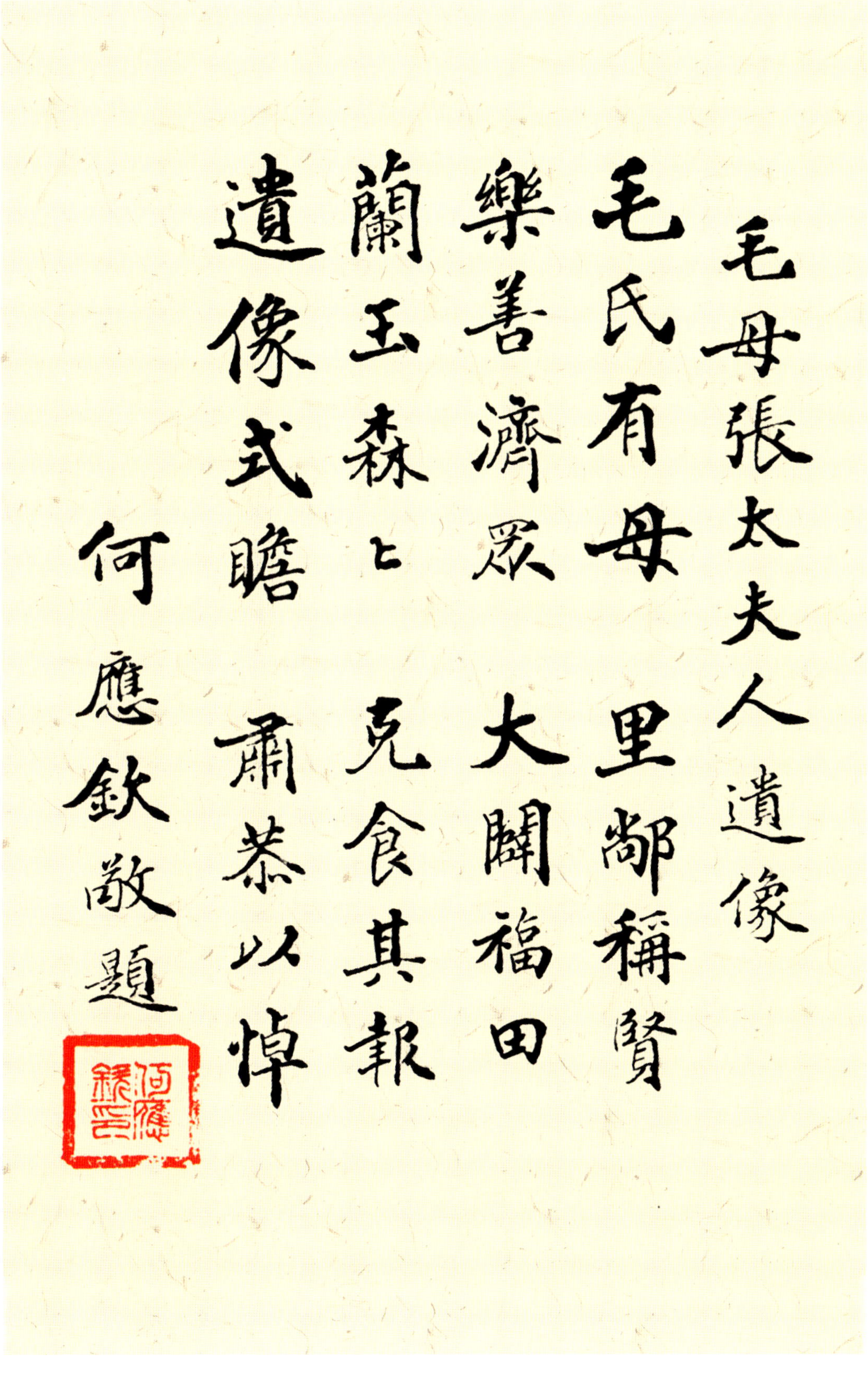
毛母張太夫人遺像
毛氏有母　里鄰稱賢
樂善濟衆　大闢福田
蘭玉森森　克食其報
遺像式瞻　肅恭以悼
何應欽敬題

何应钦题毛母张太夫人遗像

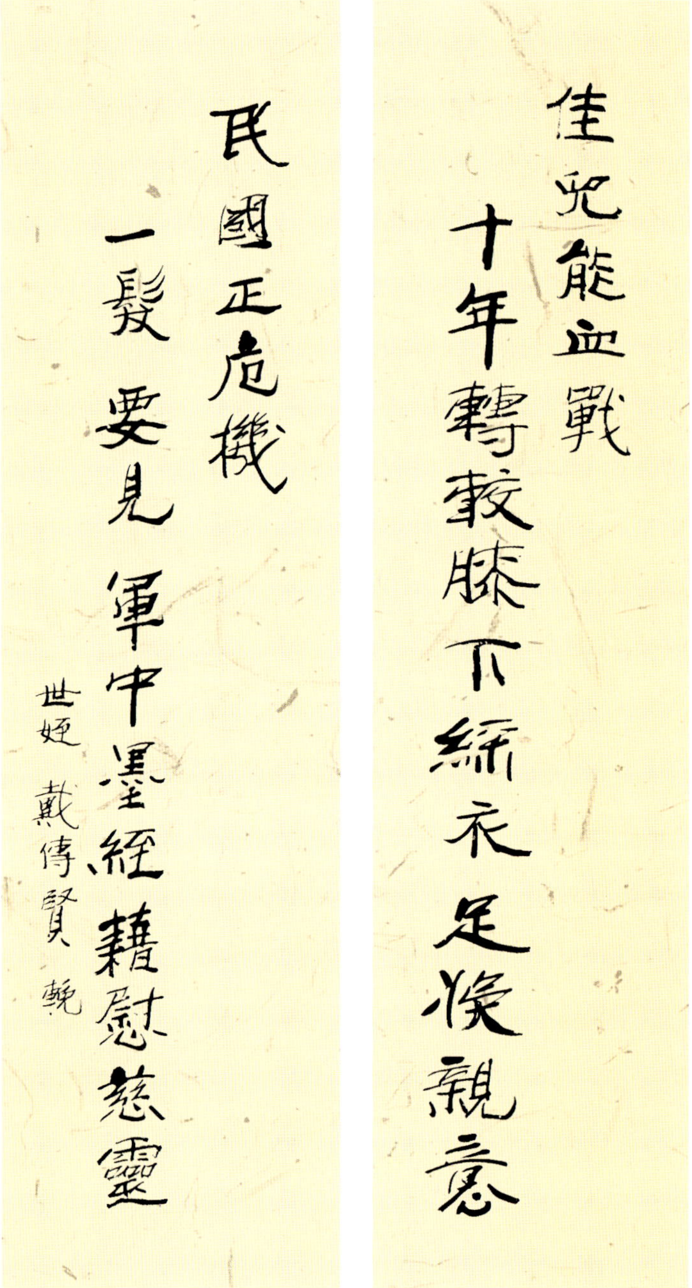
佳兒能血戰十年轉較膝下綵衣足慰親意
民國正危機一髮要見軍中墨絰藉慰慈靈
世姪 戴傳賢 輓

戴传贤题蒋母挽联

戴传贤 （1891—1949），字季陶，号天仇，原籍浙江湖州，生于四川广汉，中国国民党元老，蒋介石的拜把兄弟和谋士。1917年任广州法制委员会委员长，兼任大元帅府秘书长。南京国民政府时期，曾任国民党中央宣传部部长、国民政府委员、考试院院长、国史馆馆长等职。

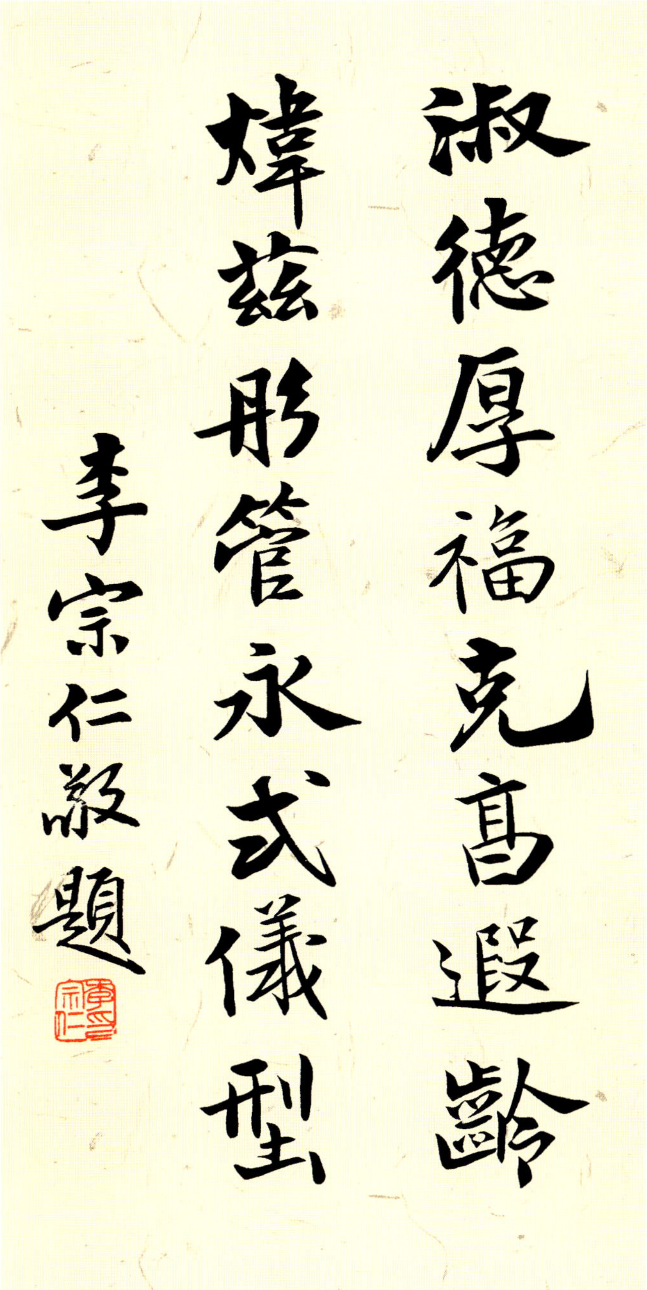

李宗仁题蒋母挽联

李宗仁印

李宗仁（1891—1969），字德邻，广西临桂人。曾任国民革命军第七军军长，第四集团军总司令，南京国民政府委员，军事参议院院长，第五战区司令长官，中华民国副总统、代总统等。

李宗仁虽与蒋介石争争斗斗几十年，但他们当年有共同的目标和追求。当蒋母逝世时李特地送来了挽联。

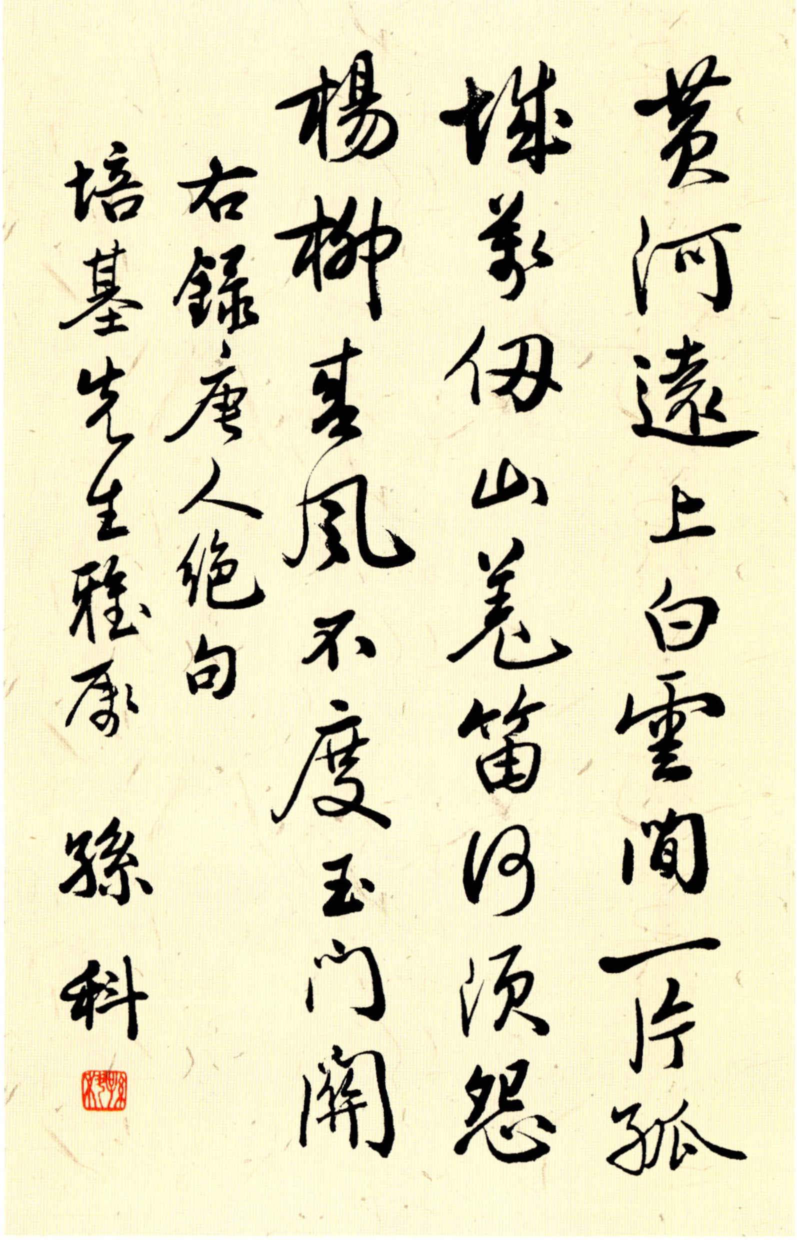

溪口博物馆收藏的孙科书法

孙科

孙科　（1891–1973），字哲生，广东中山人，孙中山之子。1907年加入同盟会，1917年任广州市市长，1931年任南京政府行政院院长，1932年任立法院院长，1947年任南京政府副主席，1949年3月辞去行政院院长职，后长期旅居法美等国。1965年任台湾『总统府』高级资政。

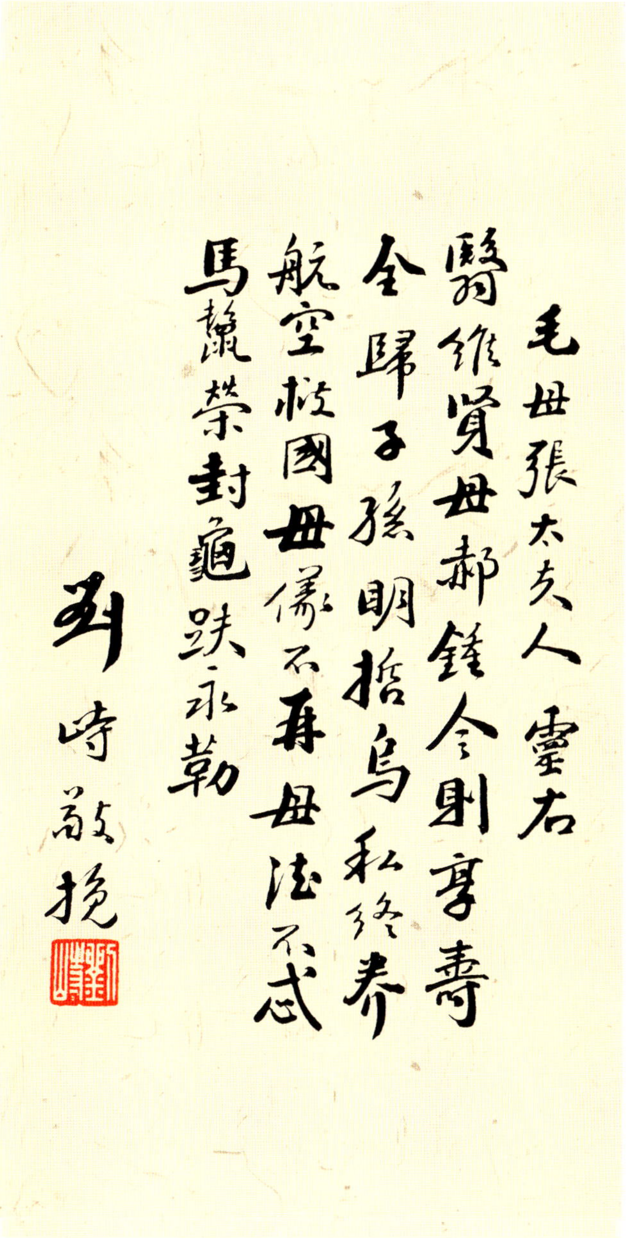

刘峙悼毛母张太夫人

刘　峙　（1892–1971），字经扶，江西吉安人。国民党高级将领，陆军二级上将。曾任黄埔军校教官，参与北伐、中原大战等多场战事，甚得蒋介石赏识。1954年到台湾。

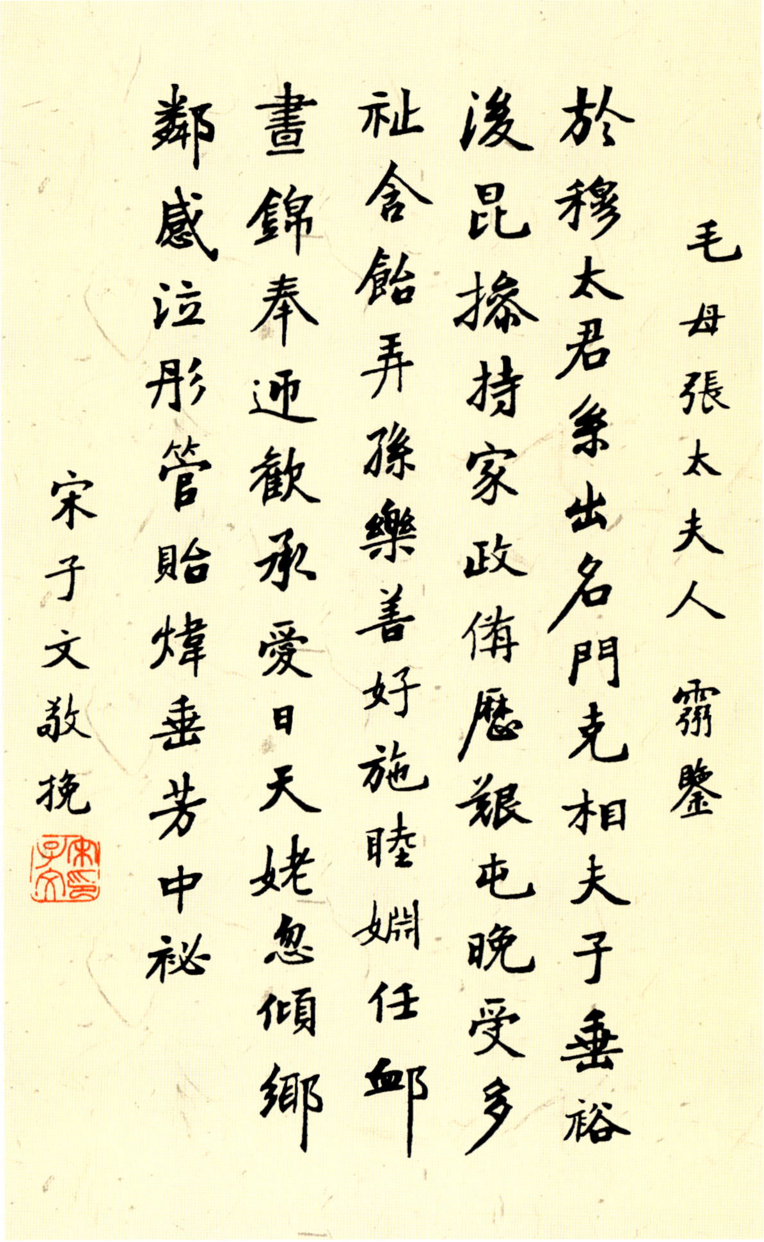
毛母張太夫人 靈鑒
於穆太君系出名門克相夫子垂裕後昆撡持家政備歷艱屯晚受多祉含飴弄孫樂善好施睦婣任卹畫錦奉迎歡承愛日天姥忽傾鄉鄰感泣彤管貽煒垂芳中祕
宋子文敬挽

宋子文悼毛母张太夫人

宋子文 （1894—1971），广东文昌（今属海南省）人，生于上海。南京国民政府时期，曾任财政部部长、国民政府委员、行政院副院长、代理行政院院长、中央银行总裁、中国银行董事长、外交部部长、行政院院长、广东省主席等职。

宋子文是蒋介石妻舅，曾三到溪口，其中两次是为张学良而来，另一次是作为蒋的姻亲，为蒋介卿送丧。

丰子恺为武岭学校小学部期刊作画，画中有书墨。

丰子恺（1898—1975），原名丰润，又名丰仁，浙江桐乡石门镇人。中国现代画家、散文家、美术教育家、音乐教育家、翻译家，是一位多方面卓有成就的文艺大师。曾任中国美术家协会常务理事、美协上海分会主席、上海中国画院院长、上海对外文化协会副会长等职。

夫君愛鑒昨日聞西安之變焦急萬分竊
思吾
兄平生以身許國大公無私凡所作為無絲
毫為自己個人權利着想即此一點寸衷足
以安慰且抗日亦係吾
兄平日主張惟
兄以整個國家為前提故年來竭力整頓
軍備團結國力以求貫澈抗日主張此公忠為
國之心必為全國人民所諒解日下吾
兄所處境況真相若何望即
示知以慰焦思妹日夕祈禱
上帝賜福吾
兄早日脫離惡境請
兄亦祈求
主宰賜予安慰為國
珍重為禱臨書神往不盡欲言專此奉
達敬祝
康健

妻美齡
廿五年十二月十三日

宋美龄致蒋介石函。1936年12月12日西安事变，蒋介石被张学良、杨虎城扣押，14日，宋美龄派端纳到西安斡旋，并给蒋带去此信。

宋美龄（1899—2003），女，蒋介石的妻子。与宋霭龄、宋庆龄并称为宋氏三姐妹，父亲为富商宋嘉树。凭借民国第一夫人身份，宋美龄活跃于政治、外交等领域，对近代中国历史与中美关系产生了深远的影响。

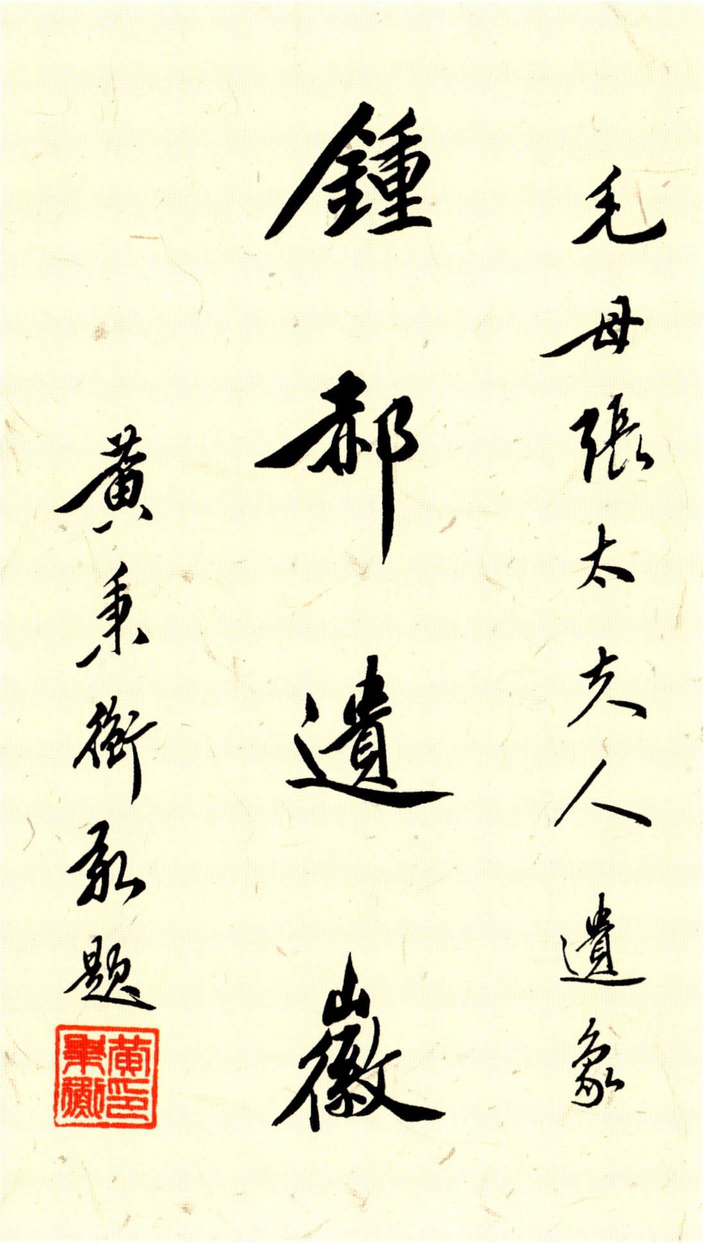

黄秉衡题毛母张太夫人遗像

黄秉衡 （1900—1989），名钧，字秉衡，浙江余姚人。早年赴美学习航空技术，回国后在广东组建航空学校并任校长、代理航空局局长等职。抗战时期担任空军第一军区司令、第三路司令、驻美大使馆空军武官等职。1948年升空军中将。1949年初赴美，1989年病逝于洛杉矶。

黄秉衡印

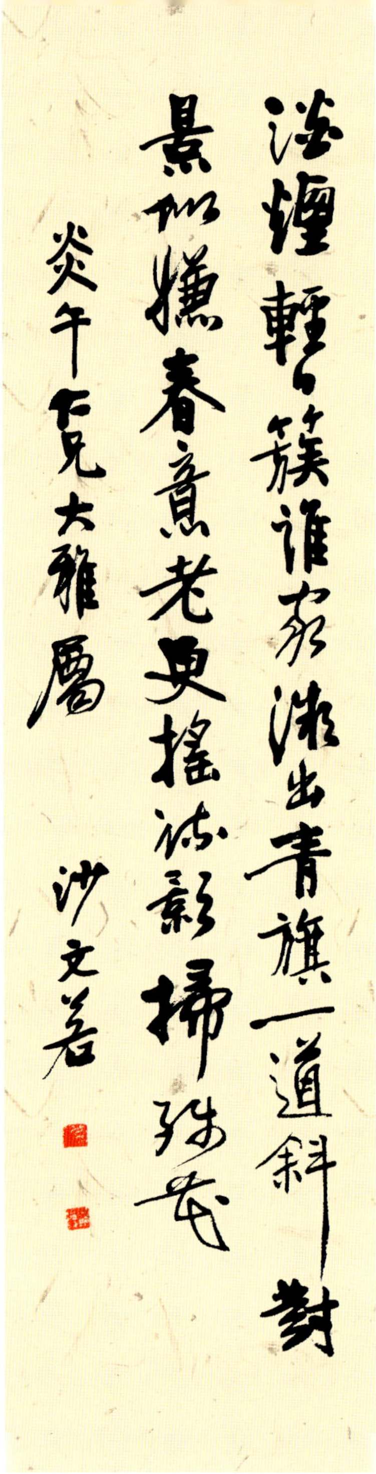

溪口博物馆珍藏的沙孟海早期书法作品

沙孟海（1900–1992），原名文若，字孟海，号石荒、沙村、决明，鄞县沙村人。他对于语言文字、文史、考古、书法、篆刻等均颇有研究。中国当代著名书法家、篆刻家、学者，被推举为近当代『书坛泰斗』，是一代书法书学宗师。毕业于浙东第四师范学校。曾任浙江大学中文系教授、浙江美术学院教授、西泠印社社长、西泠书画院院长、浙江省博物馆名誉馆长、中国书法家协会副主席等职。

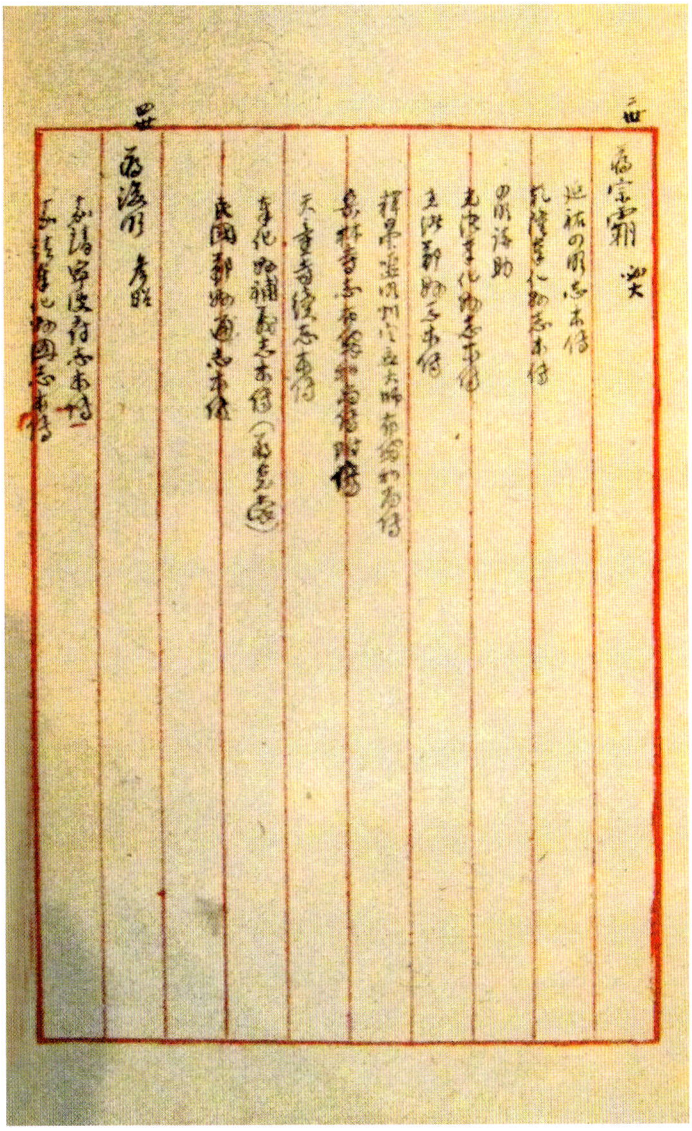

2008年在天一阁偶然发现这件沙孟海手迹，为1947年起编纂溪口武岭宗谱的一个索引。其上的『蒋宗霸』，即蒋介石推崇的溪口蒋氏后梁先祖。

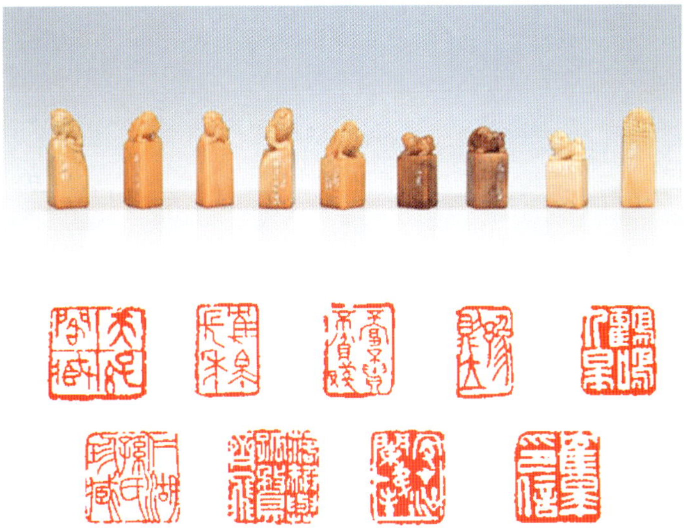

沙孟海为奉化同盟会会员孙鹤皋所治的印章

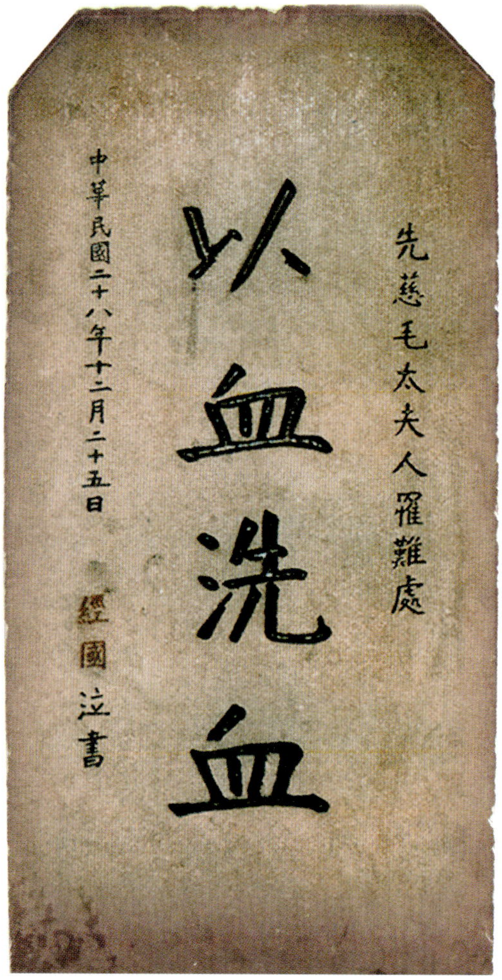
先慈毛太夫人罹難處
以血洗血
中華民國二十八年十二月二十五日
經國泣書

1939年12月12日，蒋经国生母毛福梅在日机轰炸溪口中罹难，从江西赣州赶回溪口的蒋经国，发誓报仇雪恨，挥泪手书『以血洗血』四个大字。此碑现保存于蒋经国旧居小洋房。

蒋经国（1910—1988），字建丰，蒋介石的长子，浙江奉化溪口人。是蒋介石家族的核心成员之一。毕业于苏联莫斯科中山大学，回国后加入中国国民党并踏入政坛，曾任江西省第四区行政督察专员、青年军总政治部主任等职。

0308

父親大人膝下敬稟者今日為兒
結婚十年紀念日在過去十年
之中兒媳甘苦與共今後決抱
最大之決心為國爭光為家立
業不愧為我蔣氏之子媳敬祝
大人福體康健此請
福安

兒經國 媳方良 孫孝文 孝章 跪稟 民國三十四年三月十五日午夜

蒋经国致蒋介石信函（两封）

國民政府用牋

0553

父親大人膝下敬稟者兒在
贛縣縣長任內巡視鄉間
在社龍村遇一小乞丐他
不知自己何姓何名亦不
知何處人當時兒即將其
帶回贛州送入兒童教養
院讀書并名之為何社龍
今夏畢業於小學部名列

中華民國　年　月　日

國民政府用牋

0554

第一兒時以此事而自喜今
接其來信向
主席祝壽兒覺此信非常天真
而且甚有意義故敢轉呈想
大人亦必樂於一讀也敬祝
大人精神愉快萬壽無疆

兒經國跪稟 十月二十五日

中華民國　年　月　日

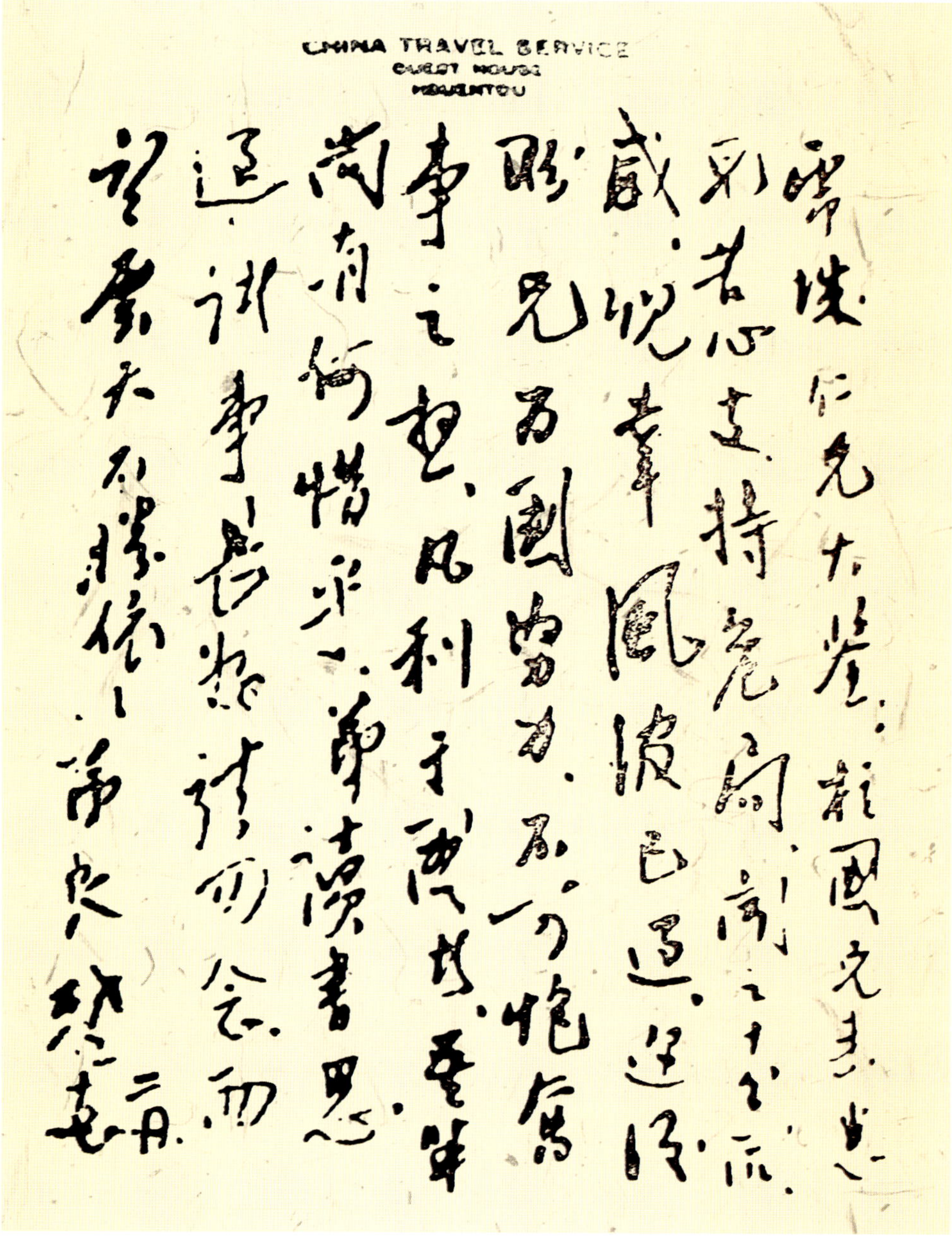
CHINA TRAVEL SERVICE
GUEST HOUSE
HSUEHTOU

张学良在雪窦山致杨虎城信函

张学良（1901—2001），字汉卿，号毅庵，辽宁海城人，奉系军阀张作霖长子。1928年，张作霖被日本人炸死后继任东北保安司令，并易帜服从南京政府。曾任国民政府委员、陆海空军副总司令等职。

毅庵

张学良

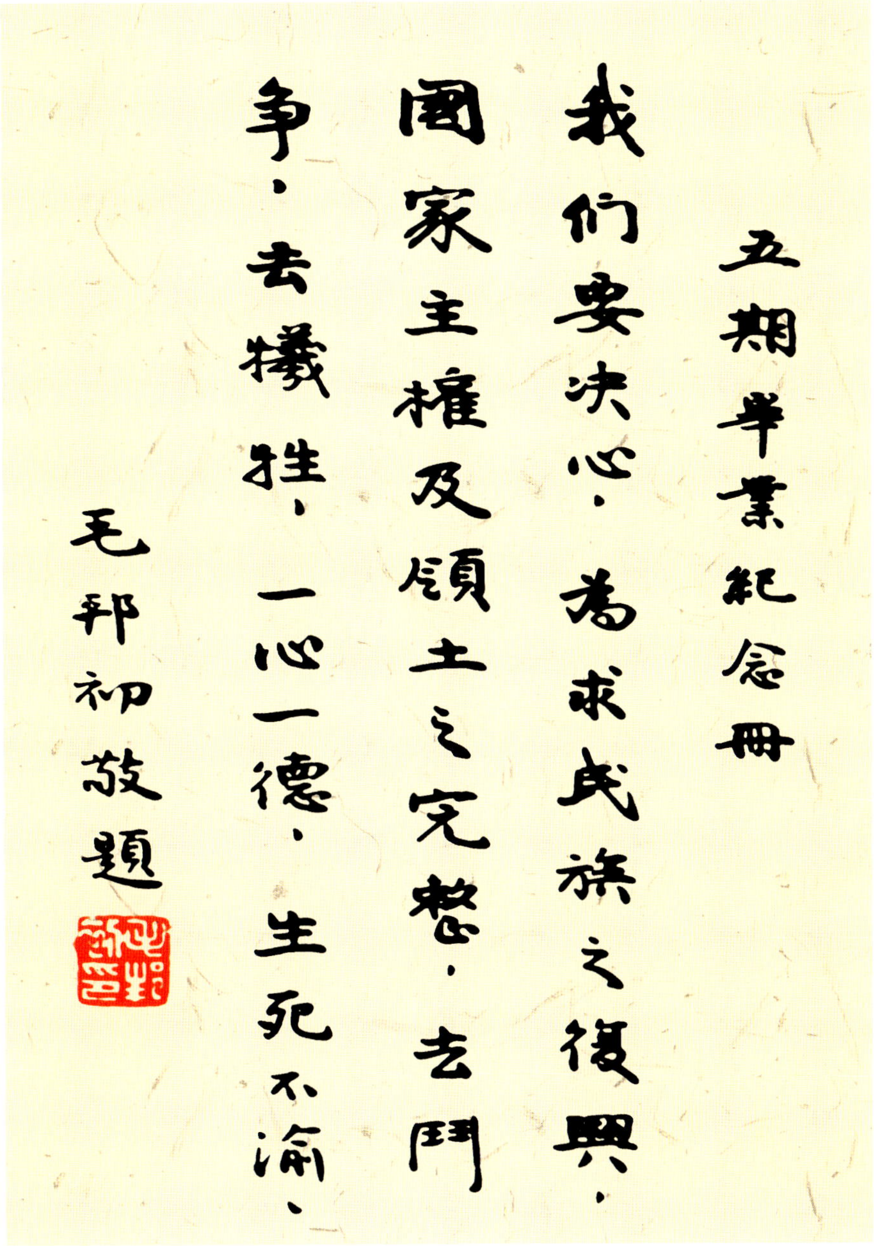
五期畢業紀念册
我們要决心，為求民族之復興，
國家主權及領土之完整，去鬥
爭，去犧牲，一心一德，生死不渝，
毛邦初敬題

1935年秋，作为中国空军和中央航校领导人的毛邦初，为中央航校第五期毕业纪念册题词。

毛邦初（1904—1987），别号信诚，浙江奉化岩头乡岩头村（今属溪口镇）人。蒋介石原配夫人毛福梅族侄孙。1940年5月晋升为空军少将，同年8月19日升任航空委员会副主任兼军令厅厅长。1941年3月增设空军总指挥部，毛邦初任副总指挥。抗日战争胜利后，任国民政府航空委员会驻美国代表及联合国安全理事会军事参谋团中国代表团成员。1946年6月任国民政府参谋本部空军总司令部副司令，曾代表国民政府常驻美国，在美国洛杉矶去世。

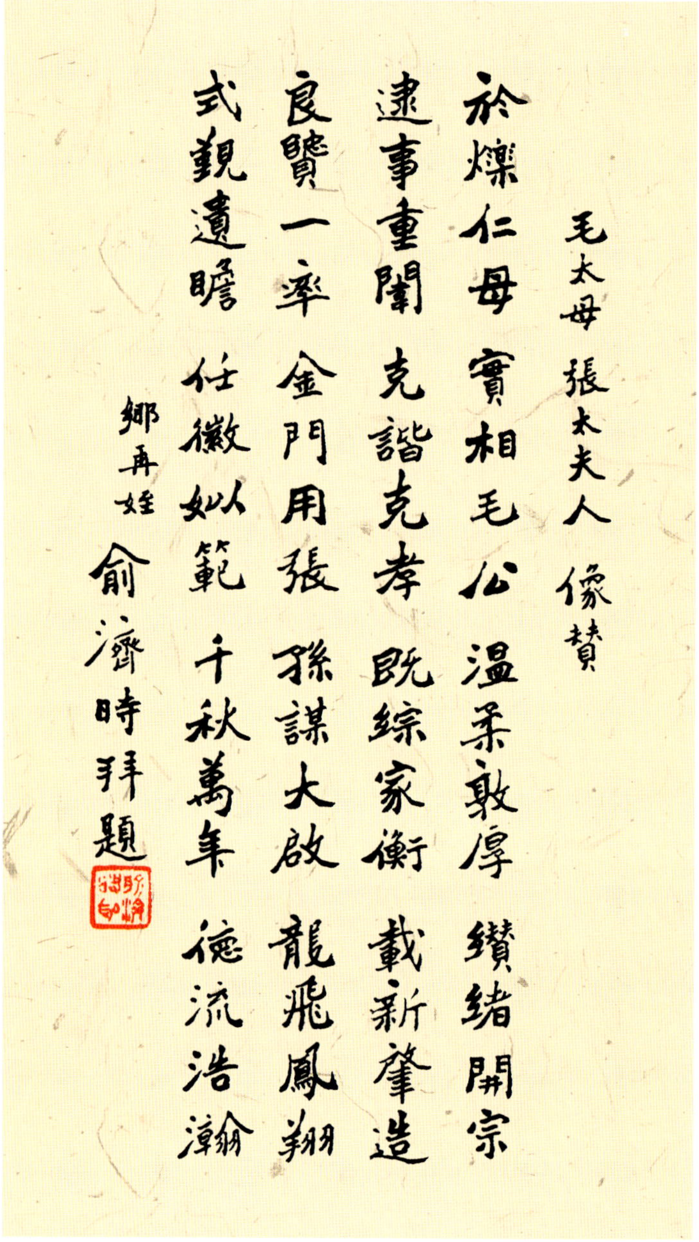
毛太母 張太夫人 像贊

於爍仁母 實相毛公 溫柔敦厚 纘緒開宗

逮事重闈 克諧克孝 既綜家衡 載新肇造

良贊一率 金門用張 孫謀大啟 龍飛鳳翔

式覲遺瞻 仕徽姒範 千秋萬年 德流浩瀚

鄉再姪 俞濟時拜題

俞济时题毛母张太夫人像赞

俞济时 （1904—1990），字良桢，号邦梁、济士，浙江奉化奉南村人。投身到族叔、黄埔军官学校军需处副主任俞飞鹏处，得保荐考入黄埔军校第一期。1943年任蒋介石侍卫长期间，随蒋介石出席开罗会议。抗战胜利后，历任国民政府参军处军务局局长、总统府第三局局长。1949年去台湾，曾任国民党总裁办公室总务主任。著有《时代新军人应有之修养》、《孙子之战术战略思想采微》等。

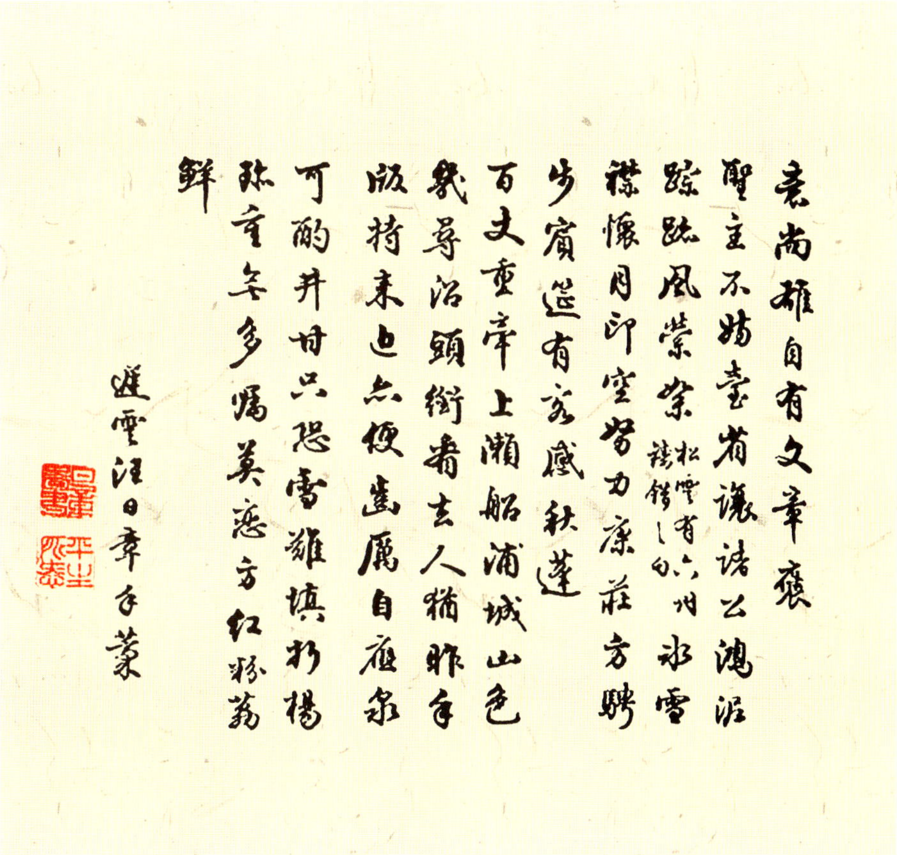

汪日章手迹

汪日章（1905—1992），别名荻浪，浙江奉化萧王庙镇人。擅长油画。1929年毕业于巴黎国立高等美术学校。曾任上海新华艺专西画系主任。1933年至1938年，汪日章出任蒋介石官邸助理秘书、侍从秘书（兼第四组少将组长）。抗战时期还在重庆担任全国美术界抗敌协会理事长。1947年至1949年4月，任杭州国立西湖艺专校长。新中国成立后，任浙江美术学院艺术咨询委员会副主任、民革中央监察委员，是我国著名的爱国民主人士。

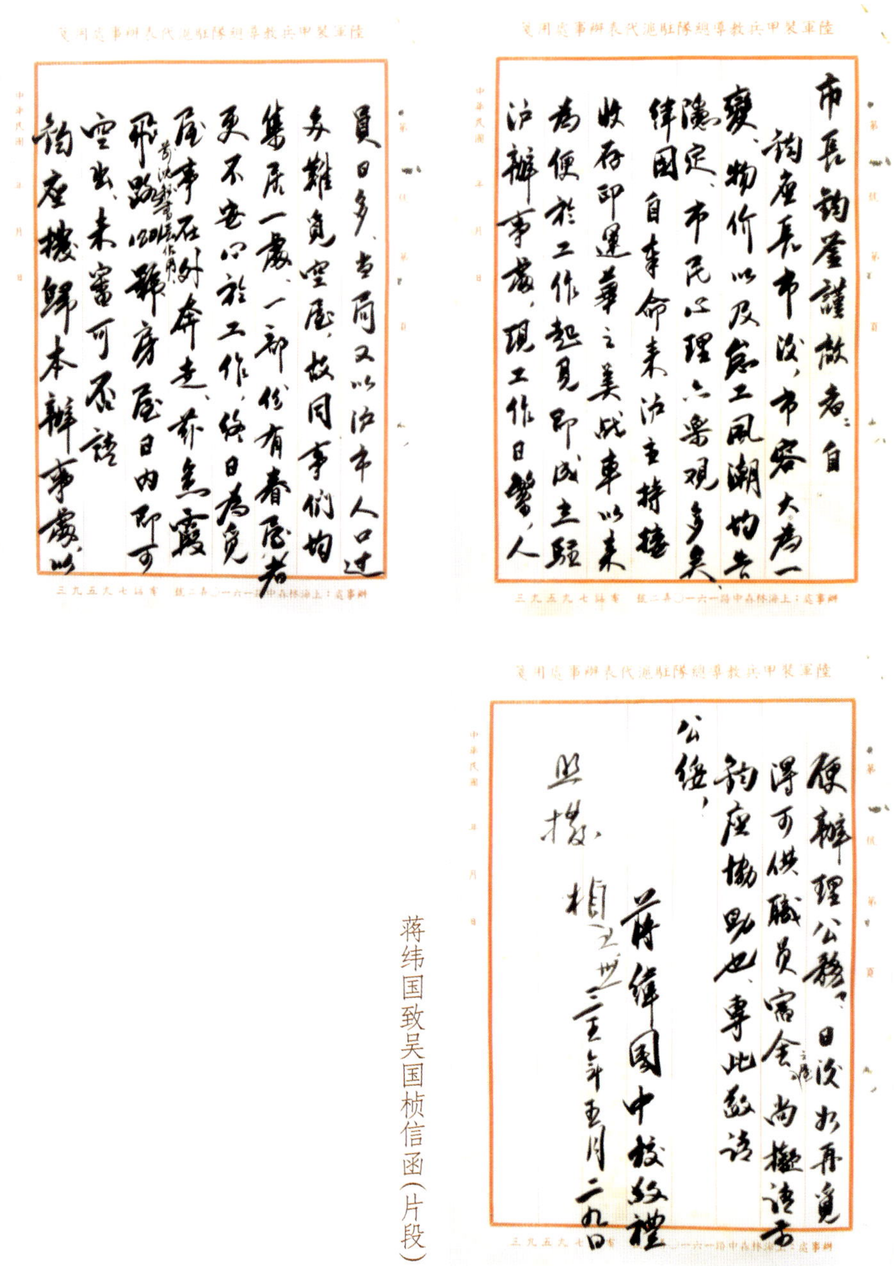
市長鈞鑒：謹啟者，自
鈞座長市以後，市容大為一
變，物價以及勞工風潮均告
穩定，市民心理亦樂觀多矣。
緯國自奉命來滬主持接
收存印運華之美戰車以來，
為便於工作起見，即成立駐
滬辦事處，現工作日繁，人
員日多，而當前又以滬市人口過
多，難覓空屋，故同事們均
集居一處，一部份有眷屬者
更不安心於工作，緯日為覓
屋事在外奔走，亦無著落。
霞飛路……號房屋日內即可
空出，未審可否請
鈞座撥歸本辦事處以
便辦理公務，日後如再覓
得可供職員寓舍之房，尚擬請
鈞座協助也。專此敬請
公綏，
蔣緯國 中校 敬禮
三十五年五月二十九日
照撥 楨 五卅

蒋纬国致吴国桢信函（片段）

蒋纬国（1916—1997），幼名建镐，号念堂，浙江奉化人，生于日本，蒋介石次子，蒋经国之弟。曾任国民党装甲兵部队处长，战车团团长，装甲兵司令部参谋长、副司令、司令，陆军指挥参谋大学校长，『国家安全会议』秘书长。对于军事战略研究颇有成果，被台湾军方奉为『军事战略学家』。著有《军事基本原理》、《国家战略概论》、《大战略概况》、《柔性攻势》、《国防体制概论》等。

附录

《国民大会实录》代表签到的手迹与印存

1946年11月，国民大会于南京召开。珍藏在溪口博物馆《国民大会实录》史料中，有蒋中正、吴敬恒、孙科、于右任等1700多位民国人物汇集一起的签名手迹和印存，实属少见，故截取部分附录于此，以供赏读。

国民大会堂

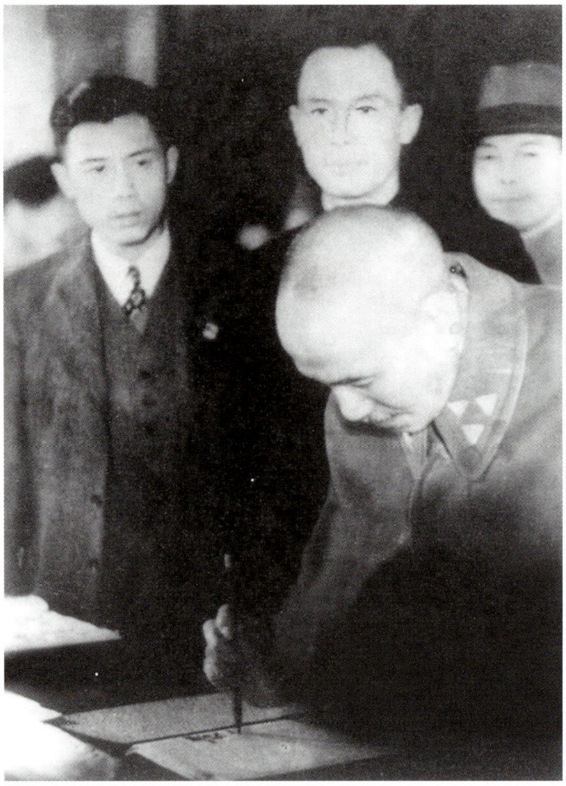

蒋介石在国民大会报到处签到

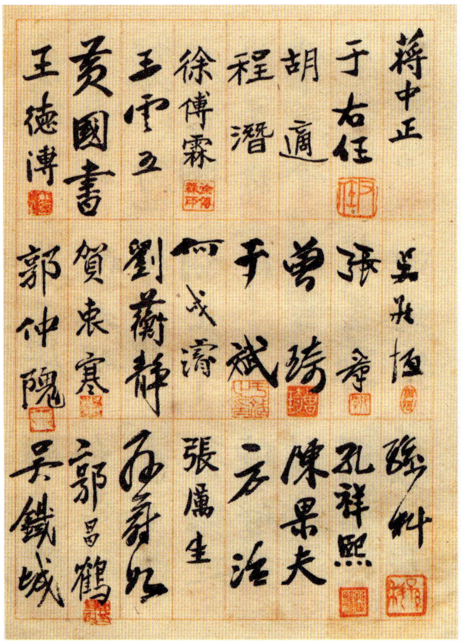

蒋中正（蒋介石）、吴敬恒、孙科、于右任等签名

周至柔、汤恩伯、余汉谋、王叔铭等签名

蒋经国、宋美龄等签名

宋子文、龙云等签名

黄少谷、崔万秋等签名

戴传贤、居正、李宗黄等签名

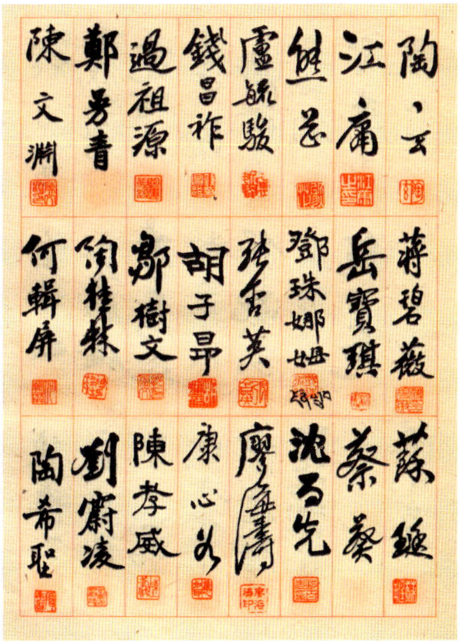

陶希圣、邓文仪等签名

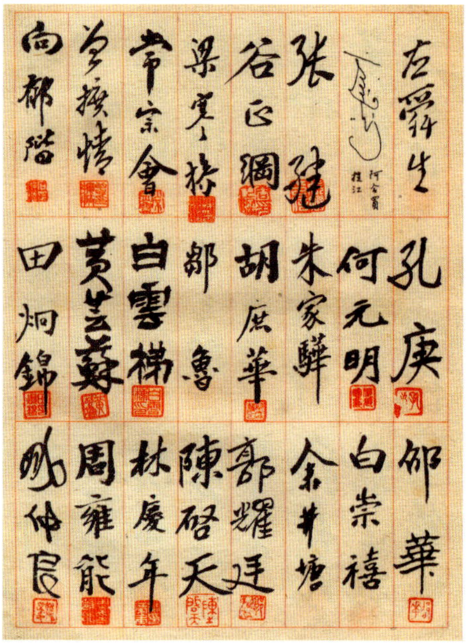

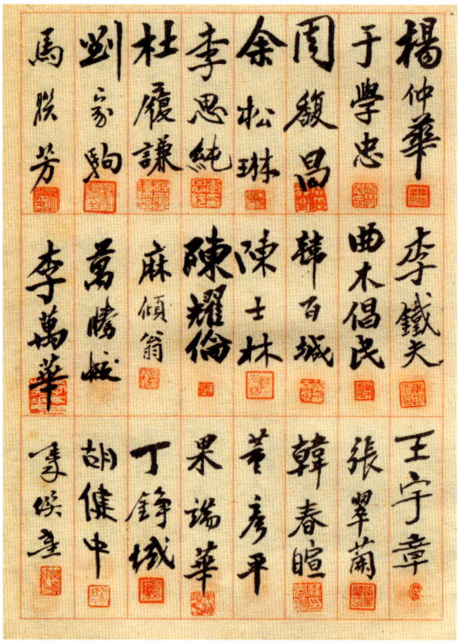

白崇禧、朱家骅、谷正纲、于学忠等签名

白崇禧在国民大会签名报到

王陵基、卢汉等签名

孔德成、傅斯年等签名

桂永清、张道藩等签名

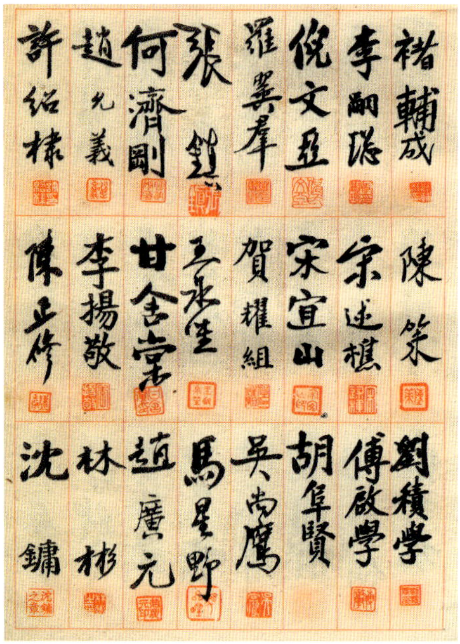

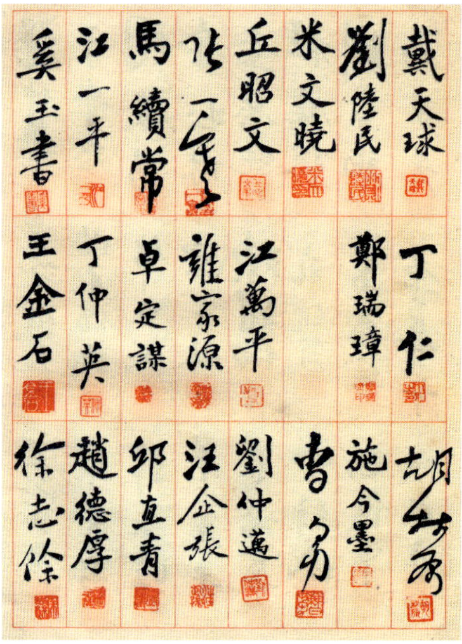

丁仁、倪文亚等签名

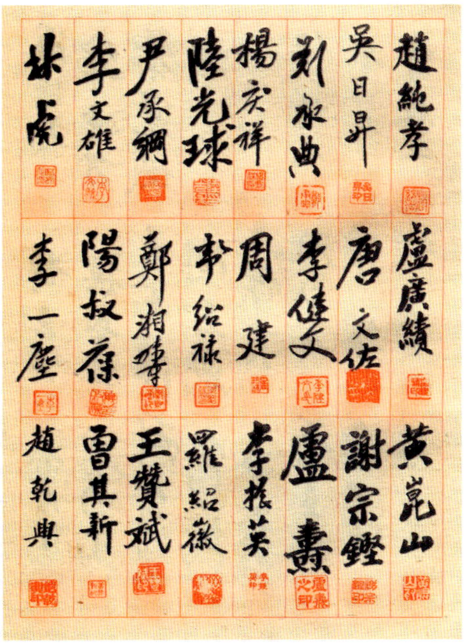

张发奎、邵力子、陈诚、林虎等签名

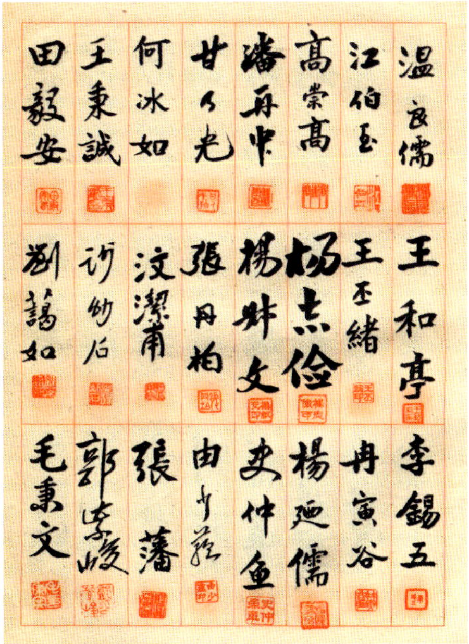

连震东、甘乃光、毛秉文等 签名

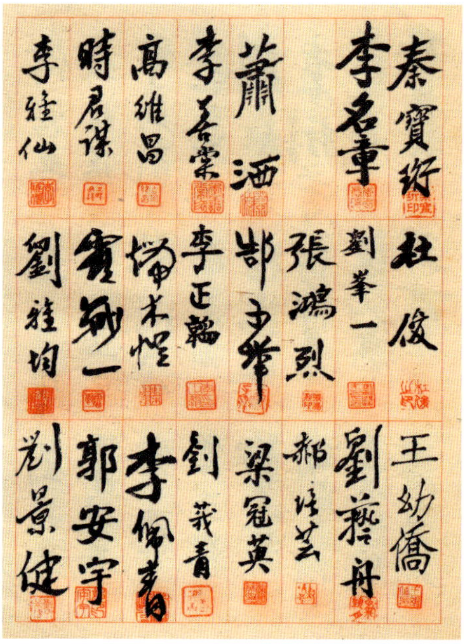

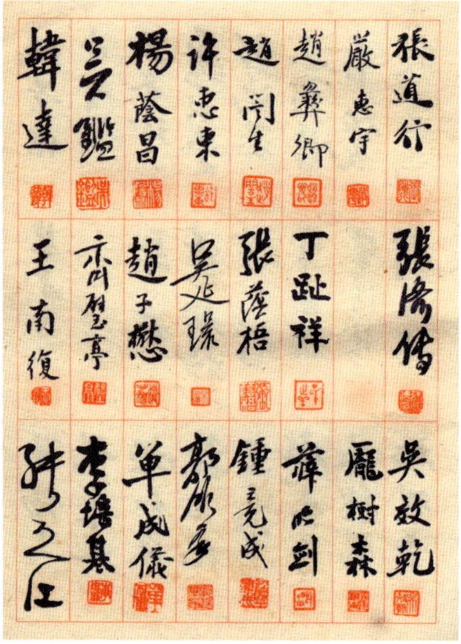

张鸿烈、梁冠英、张荫梧等签名

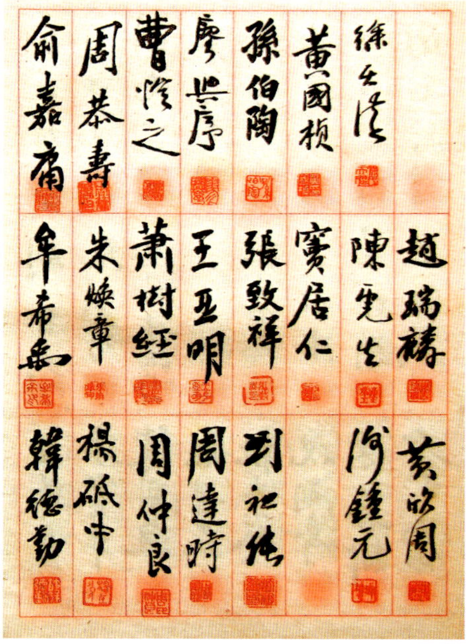

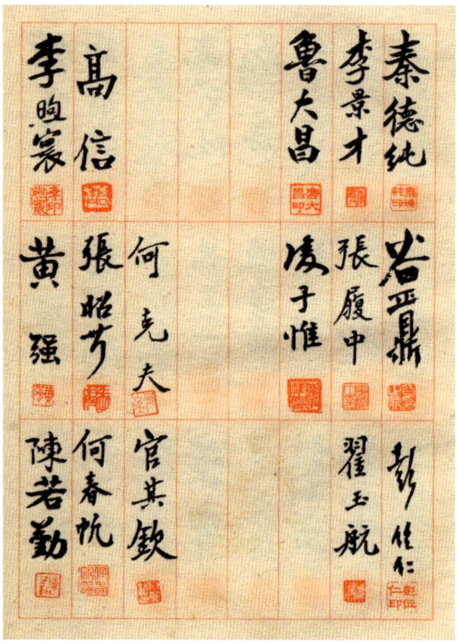

韩德勤、鲁大昌等签名

薛岳、杜月笙、王晓籁等签名

张冲、莫德惠等签名

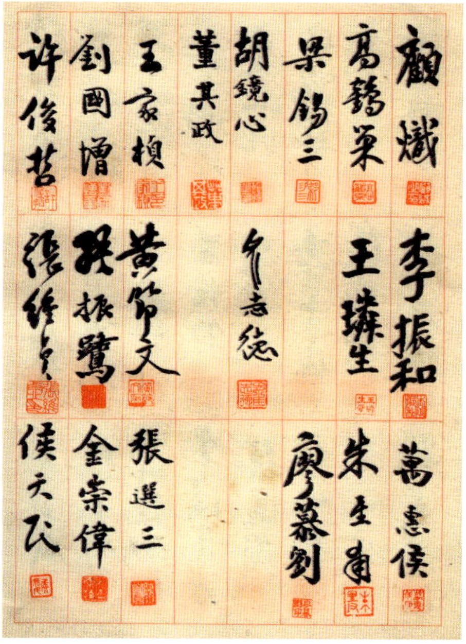

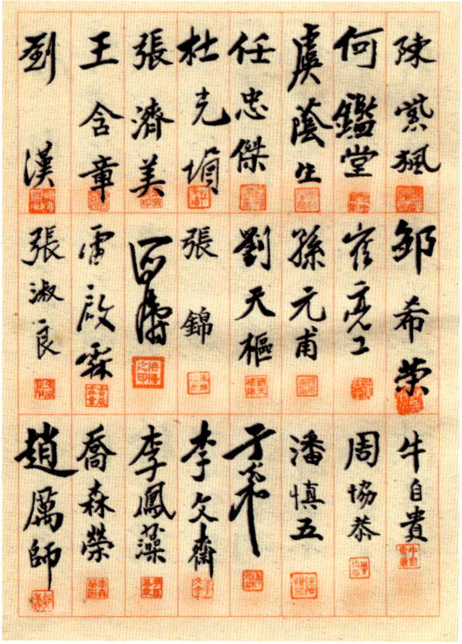

王家桢、王含章等签名

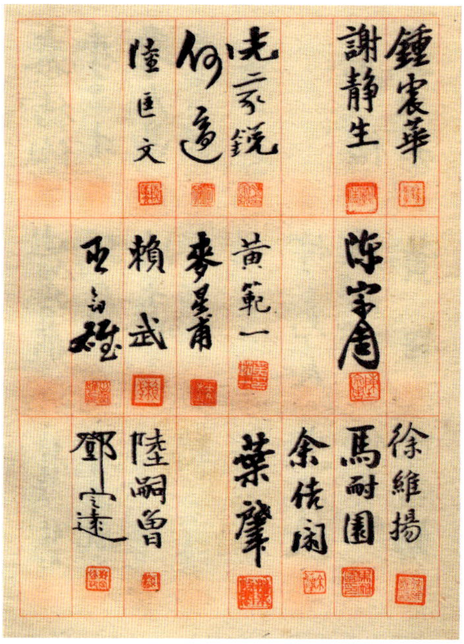

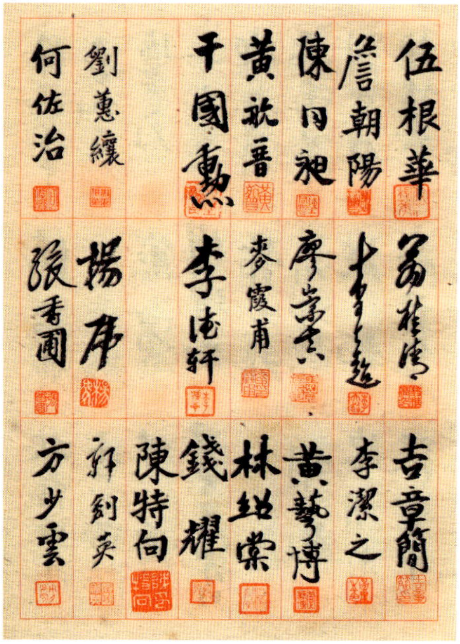

叶肇、林绍棠等签名

王俊、鹿钟麟等签名

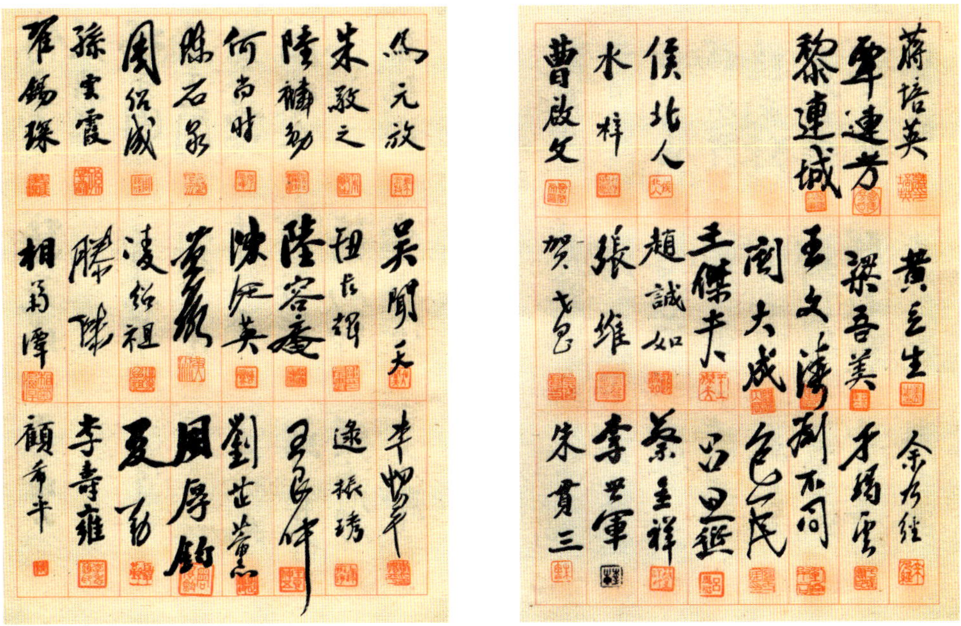

侯北人、马元放等签名

邵鸿基、曲直生等

国民大会会场

附录二

1949年后之台—溪墨韵

1949年后，由于众所周知的原因，台海两岸隔绝。但是，奉化溪口的乡情仍可在彼岸的书墨中窥见一二。1987年11月，蒋经国开放赴大陆探亲，同宗同祖的亲情重新链接，为两岸关系解冻迈出了第一步。许多台湾知名人士重新瞩目溪口这片土地，并为溪口留下新的题赠。这里精选刊录部分手迹，见证海峡两岸的浓浓乡情。

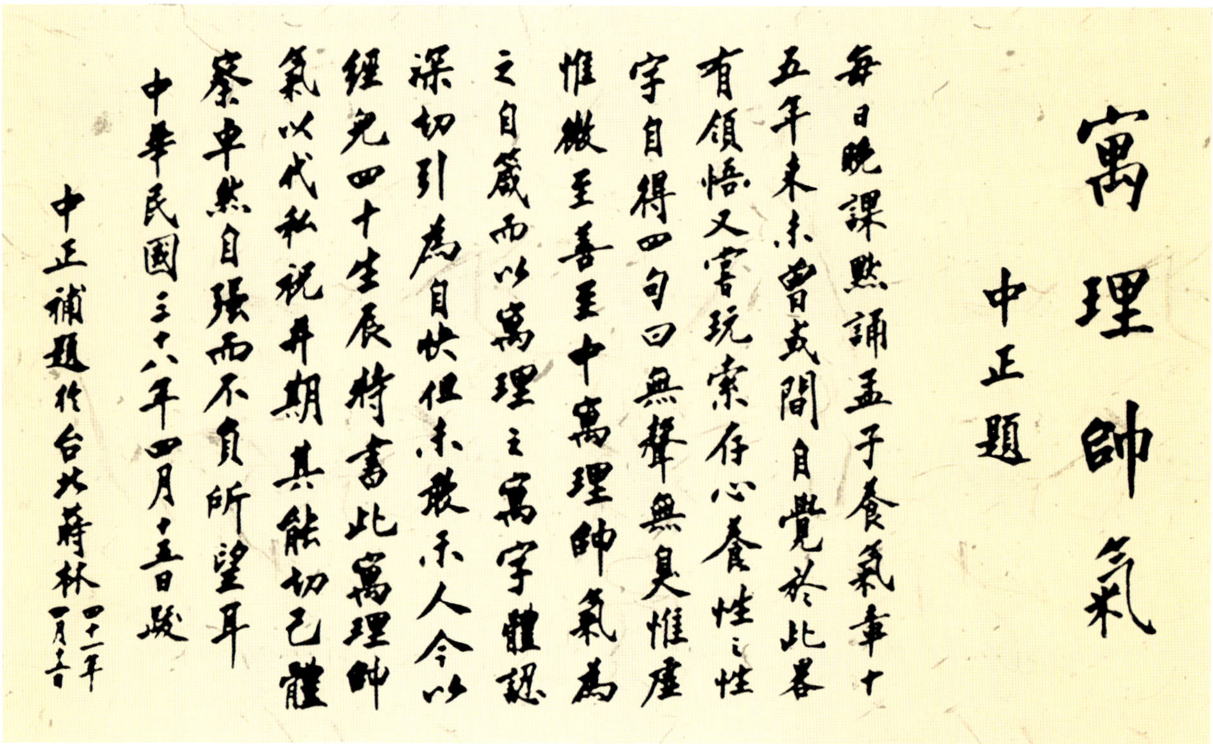
寓理帥氣
中正題
每日晚課默誦孟子養氣章十五年來未曾或間自覺於此略有領悟又常玩索存心養性之性字自得四句曰無聲無臭惟虚惟微至善至中寓理帥氣為之自箴而以寓理之寓字體認深切引為自快但未敢示人今以經兒四十生辰特書此寓理帥氣以代私祝并期其能切己體察卓然自張而不負所望耳
中華民國三十八年四月十五日跋
中正補題於台北士林

寓理帥氣

1954年蒋介石手迹。1949年4月，蒋介石在溪口为蒋经国40岁生日题『寓理帅气』和一段跋文，该匾现悬挂在丰镐房『报本堂』上方；1954年4月，蒋介石又补题于台北士林官邸。

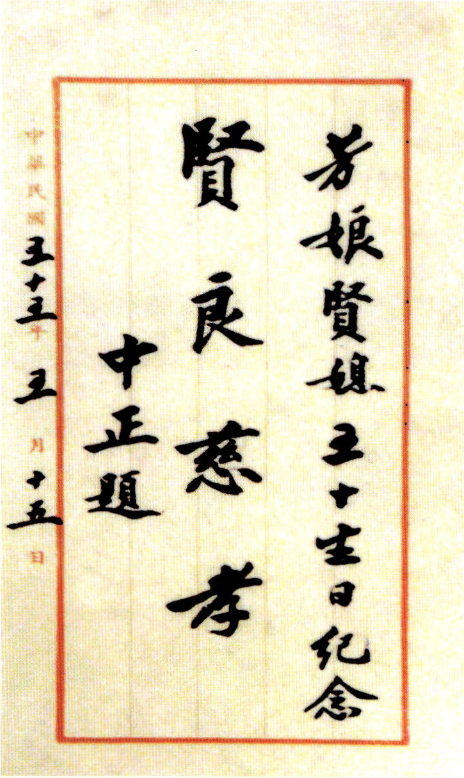
芳娘賢媳五十生日纪念
賢良慈孝
中正題
中華民國五十五年五月十五日

1966年5月15日，蒋介石为蒋经国夫人方良题词。

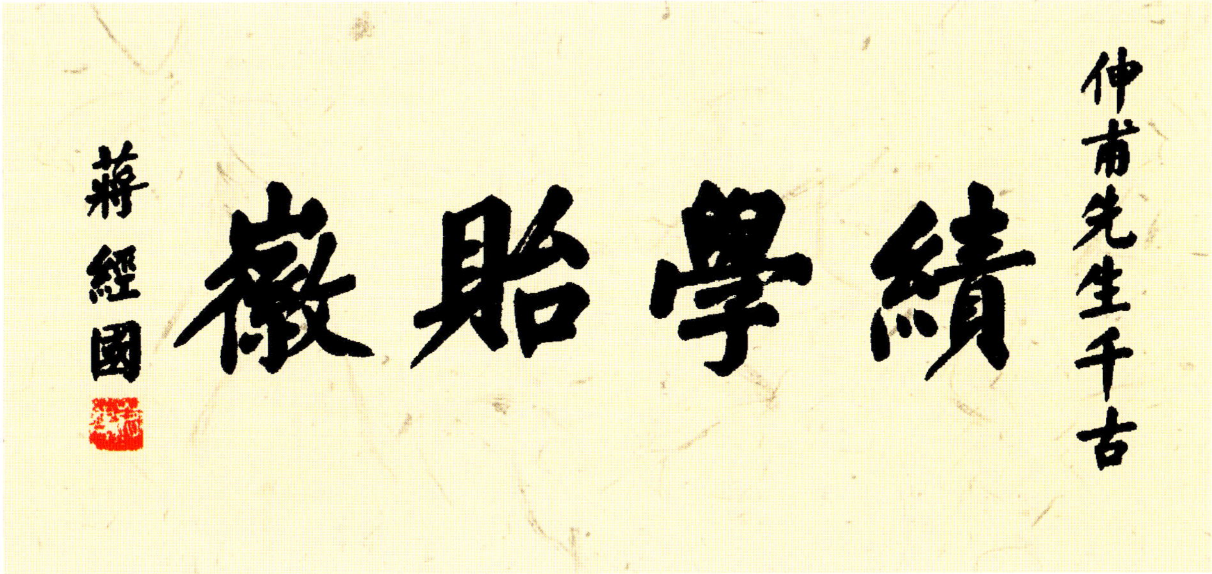
仲甫先生千古
績學貽徽
蔣經國

1982年4月戴运轨逝世后，蒋经国亲题挽匾。

戴运轨(1899—1982)，字伸甫，浙江奉化人。著名物理学家、教育家。1946年参加接收日本在台湾设立的帝国大学，并将它改建为台湾大学。他还创立台湾自然科学促进会和物理学会，对台湾物理学事业的发展作出了杰出的贡献，被称为『台湾物理学之父』。戴运轨与蒋介石为同乡，戴的开笔老师毛凤美、毛思诚，也曾是蒋介石的塾师，戴与蒋有很深的乡谊。

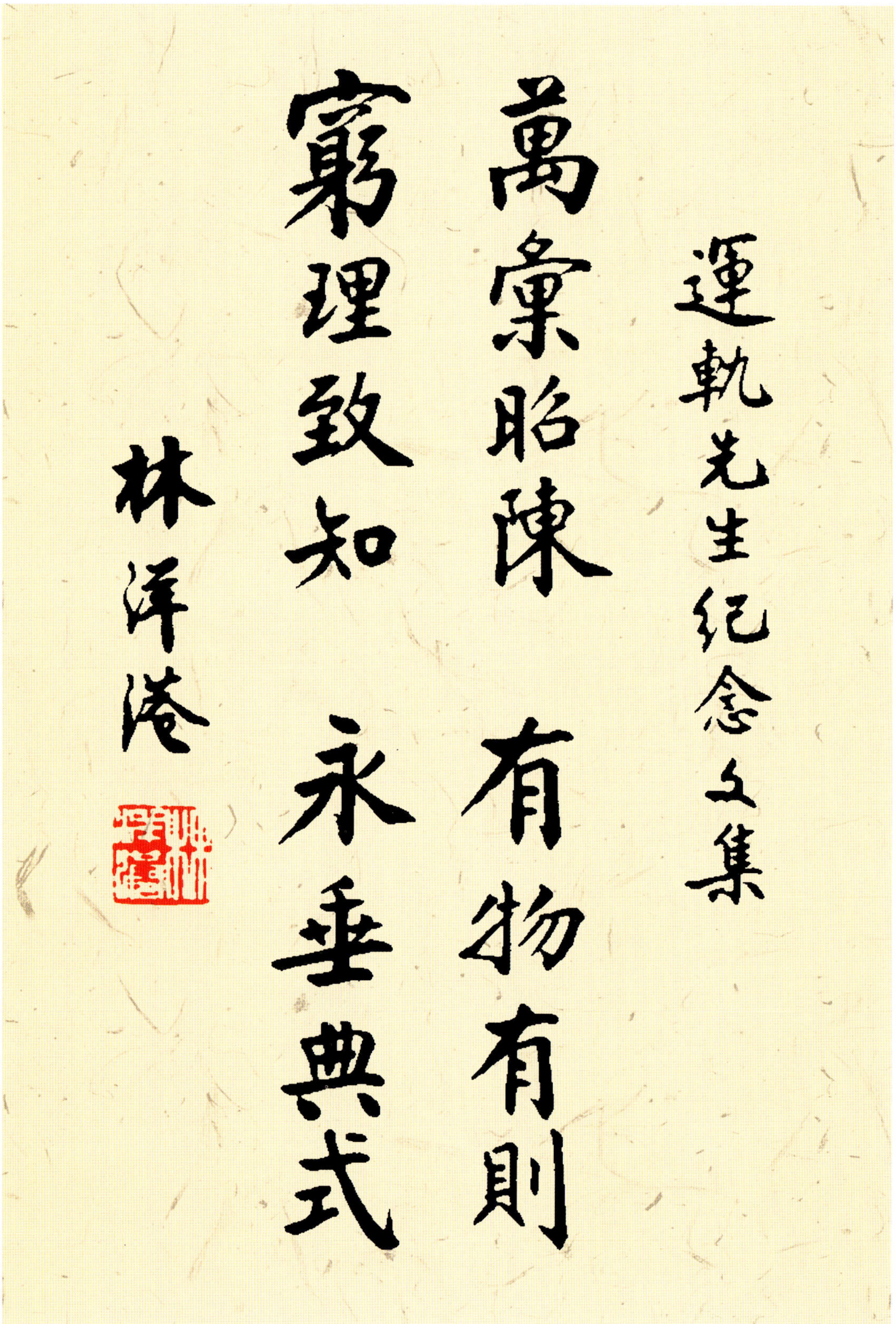

时任国民党副主席、台湾『内政部长』的林洋港，为戴运轨纪念文集出版题词。

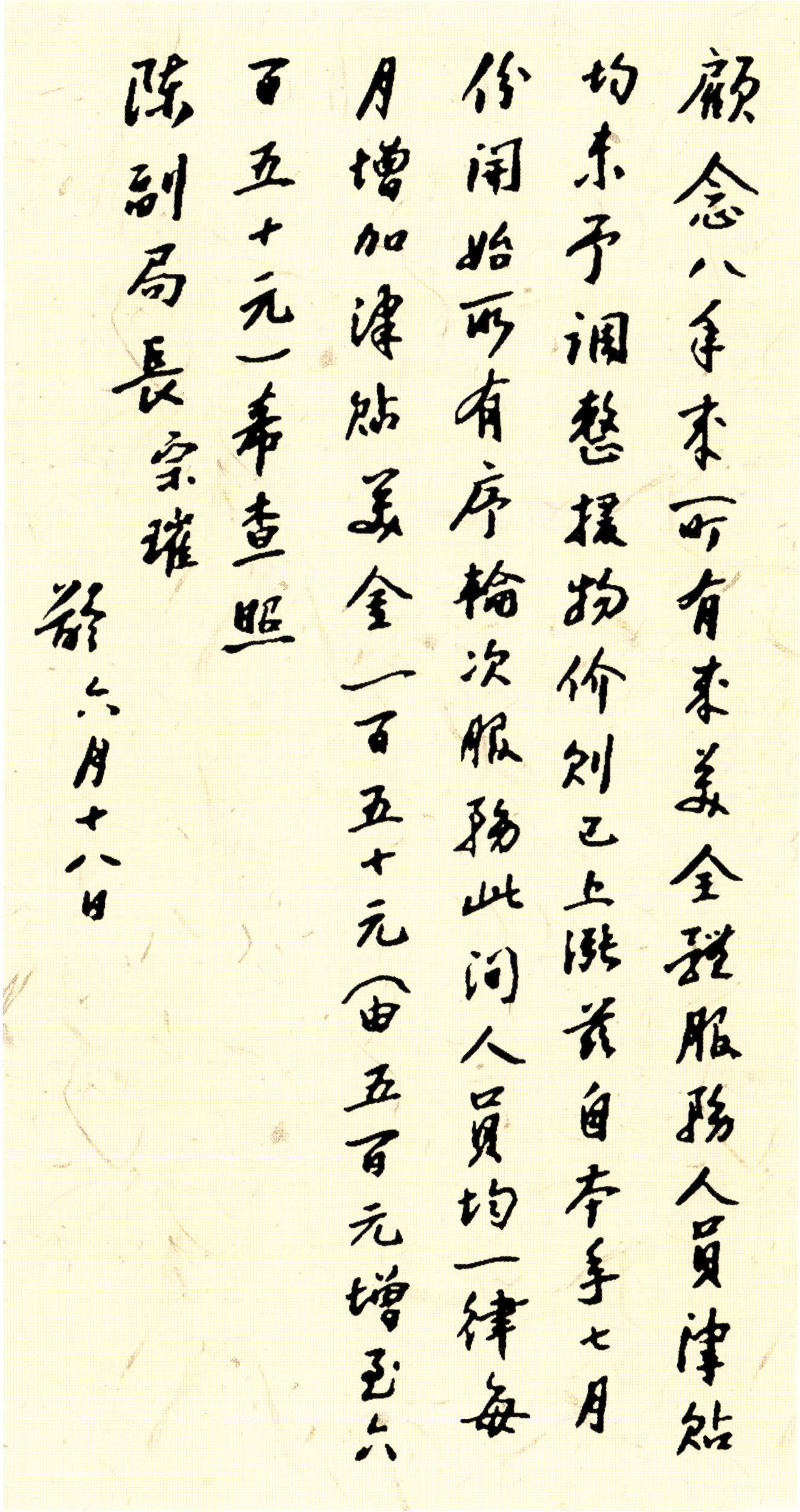
顧念八年來所有來美全體服務人員津貼均未予調整援物價劇已上漲茲自本年七月份開始所有序輪次服務此間人員均一律每月增加津貼美金一百五十元（由五百元增至六百五十元）希查照

陳副局長宗璀

齡 六月十八日

1983年6月18日，宋美龄致函台湾『国家安全局』副局长陈宗璀，亲自过问侍从人员增加津贴事宜。陈宗璀为奉化马头村人，1961年进入『总统府』侍从室，曾任『总统府』副侍卫长、『国家安全局』副局长等职，著有回忆录《士林官邸三十年》。

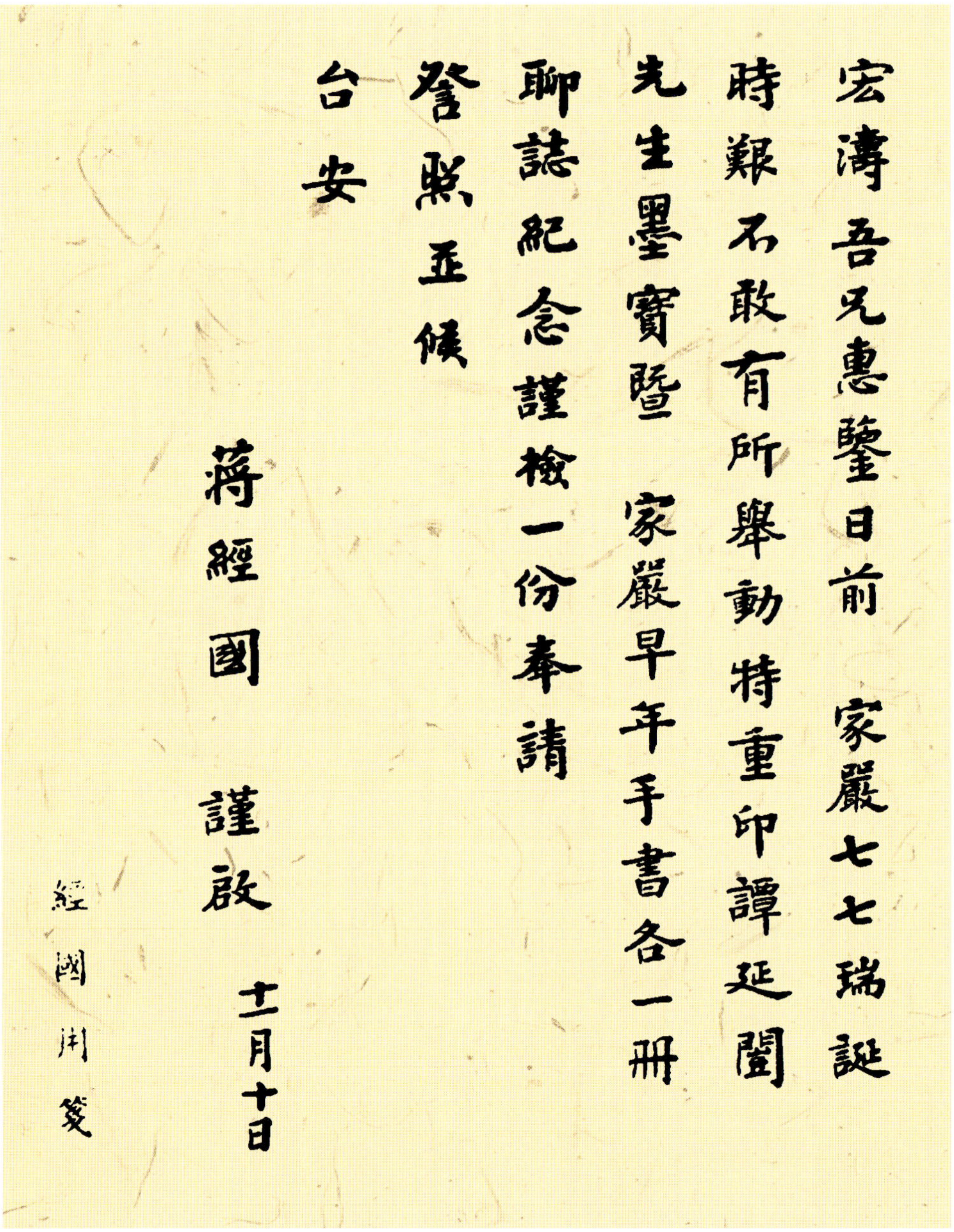

宏濤吾兄惠鑒日前　家嚴七七瑞誕
時艱不敢有所舉動特重印譚延闓
先生墨寶暨　家嚴早年手書各一册
聊誌紀念謹檢一份奉請
詧照並候
台安
蔣經國謹啟　十二月十日
經國用箋

蒋经国致周宏涛信函。
周宏涛（1916—2004），浙江奉化人，辛亥革命先驱周骏彦之孙。早年曾任国民政府秘书、总统府机要室主任。迁台后，出任国民党中央委员会副秘书长、台湾省财政厅长、『行政院』主计长、『行政院』政务委员等职。

20世纪80年代，陈立夫应奉化有关部门之约书蒋介石《武岭乐亭记》，勒石竖于溪口胜景文昌阁。1925年，蒋介石写成本文后，曾特请党内书法大家谭延闿献墨。

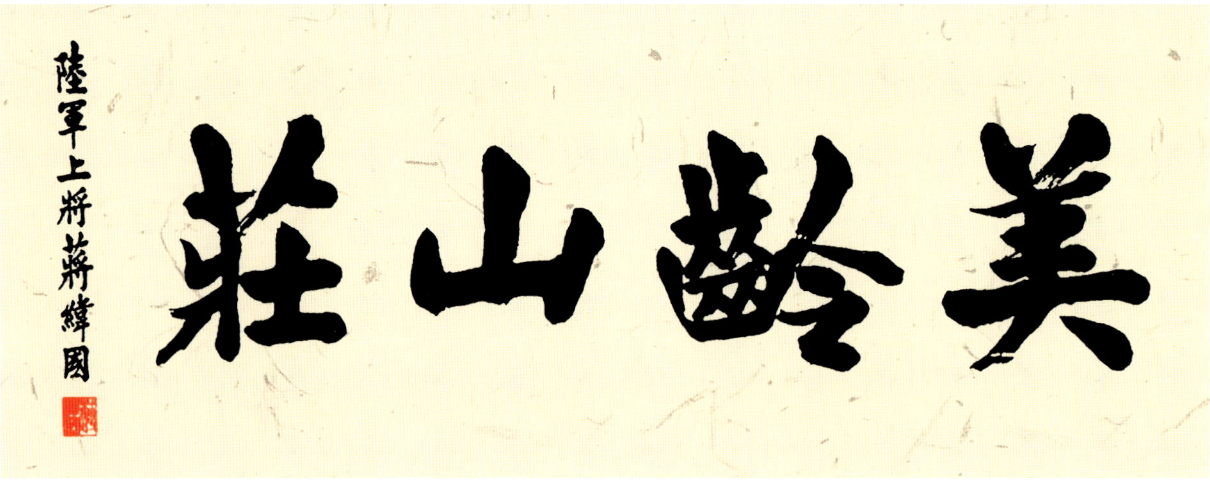

两岸关系解冻后，蒋纬国为故乡溪口一处住宅小区题名。

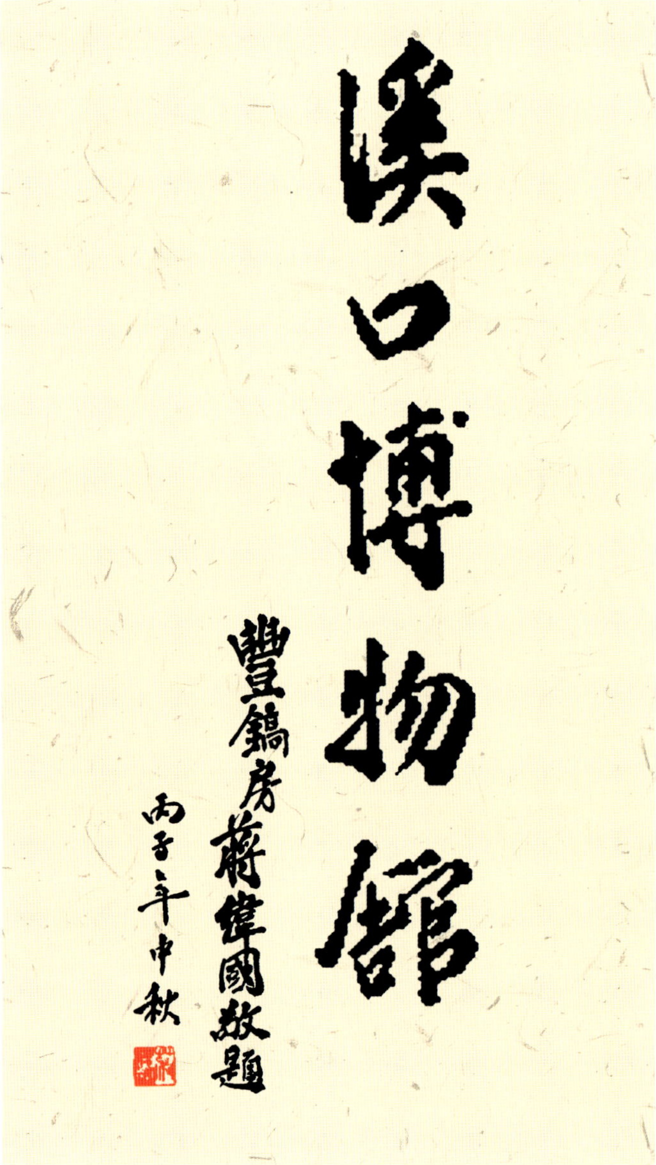

1996年中秋，应溪口博物馆约请，蒋纬国欣然为该馆题写馆名。落款时，他特冠以『丰镐房』房号，遥怀故乡之情跃然纸上。

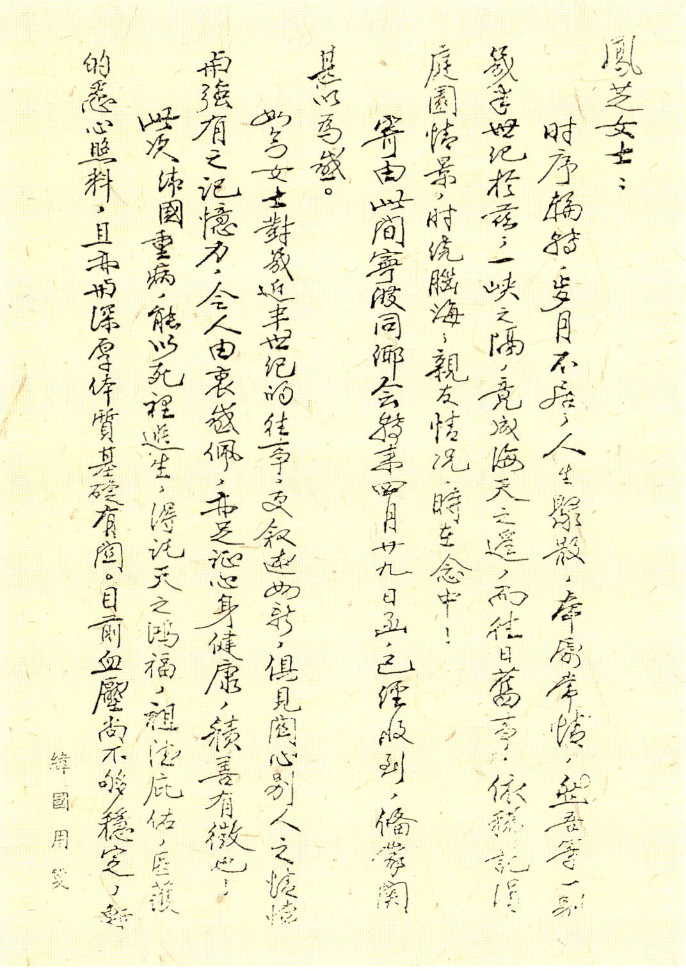

鳳芝女士：

时序嬗替，岁月不居，人生聚散，牵系常情，然吾等一别几近半世纪于兹，一峡之隔，竟成海天之遥，而往日旧事，依稀记得庭园情景，时绕脑海，亲友情况，时在念中！

顷由此间宁波同乡会转来四月廿九日函，已经收到，备蒙关甚以为感。

如芝女士对几近半世纪的往事，更叙述如新，俱见关心别人之情怀亦强有之记忆力，令人由衷钦佩，亦足证心身健康，积善有征也！

此次纬国重病，能以死里逃生，得沉天之鸿福，祖德庇佑，医护的悉心照料，且亦因深厚体质基础有关。目前血压尚不够稳定，须

纬國用箋

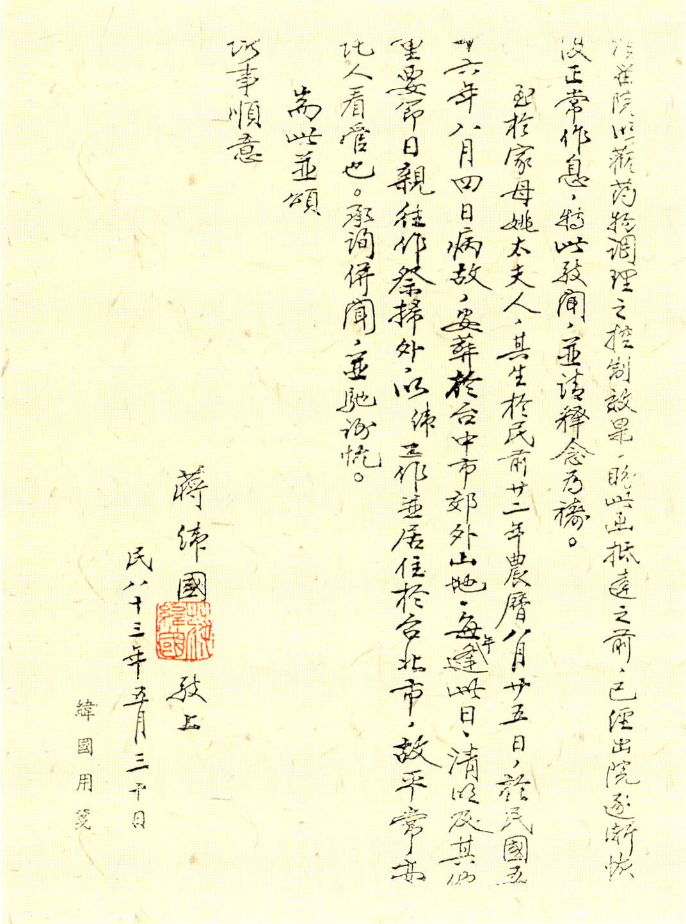

住医院以药物调理之控制效果，盼此血压抵达之前，已经出院返寓恢复正常作息，特此敬闻，并请释念为祷。

至于家母姚太夫人，其生于民前廿二年农历八月廿五日，于民国五十六年八月四日病故，安葬于台中市郊外山地，每年逢此日、清明及其他重要节日亲往作祭扫外，以纬工作并居住于台北市，故平常交托人看管也。承询特闻，并驰谢忱。

耑此并颂

近事顺意

蒋纬国 敬上

民八十三年五月三十日

纬國用箋

1994年5月，蒋纬国致奉化丁凤芝女士信函。丁凤芝早年曾为蒋纬国操持家务，深得蒋家信赖。

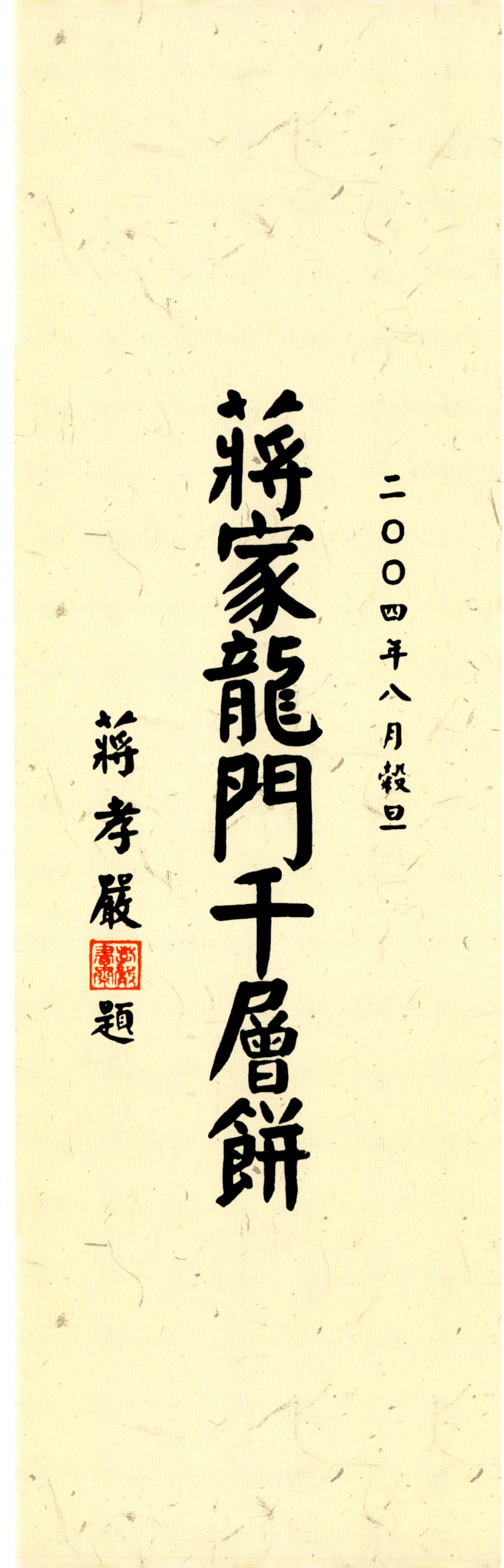

千层饼是溪口的传统特产。2004年8月，蒋经国之子蒋孝严先生为溪口镇同辈族人开设的千层饼名店——蒋家龙门千层饼店题写店名。

2005年4月7日，改从蒋姓后的蒋孝严先生，首次以蒋家后人身份返乡。在溪口祖宅丰镐房题词：饮水思源，慎终追远。

2009年夏，蒋孝严先生为溪口溪西庙题写庙额。

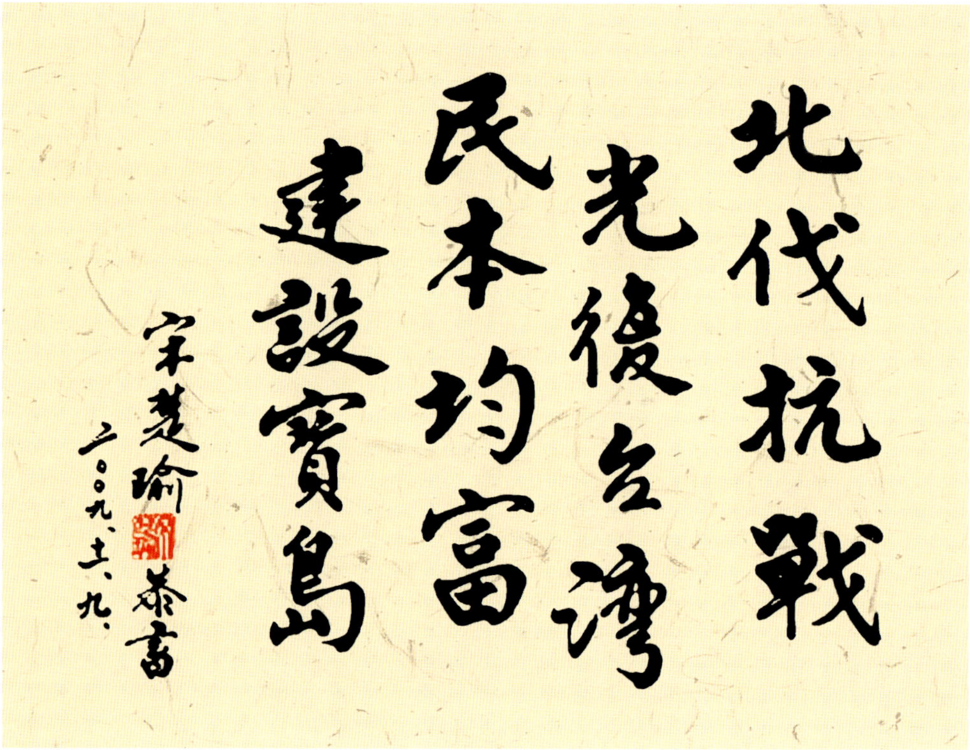

2009年11月，台湾亲民党主席宋楚瑜参访溪口，在蒋氏故居丰镐房题词。

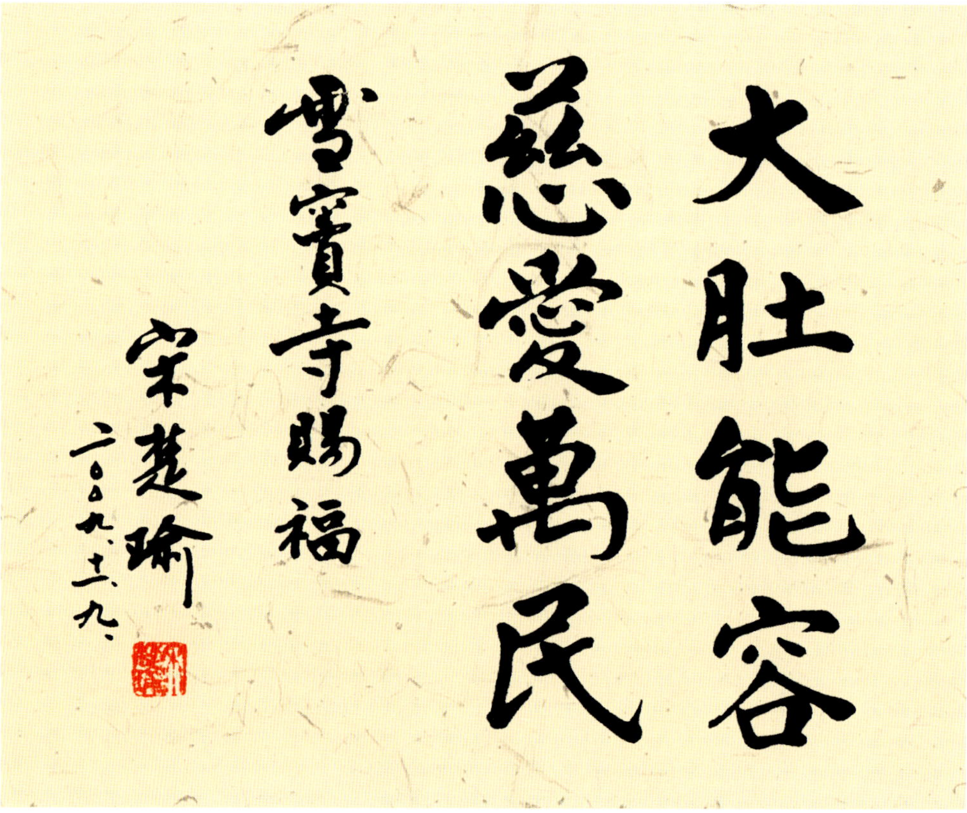

2009年11月，宋楚瑜先生为溪口雪窦寺题词。

后记

这是一部两种类型叠合的书：乍一看，皆为民国名人的手迹，是历史类书籍；再一看，其中书法佳作迭出，印章精品纷呈，又似艺术类书籍。

手迹与书法不完全相同，前者侧重反映的是历史，价值在于折射时代风云；后者主要表达的是艺术，价值在于审美意趣。本书的正文辑集了民国时期51位名人的100余件手迹，并配有手迹主人的人像和简介。从内容上看有题词、公函、信札、手稿、任命、寿联、挽联、像赞、墓志铭等，涵盖了当时政治、经济、军事、文化等各个领域。它们所记录的往来交游、公务私情，大多原真地保留着历史的真实。如蒋介石出任黄埔军校校长前夕致国民党中央执行委员会和廖仲恺的辞职信，反映出蒋的思想脉络和国民党内的人物关系。再如，蒋介石在日记中亲笔记述的他们夫妇皆愿终老溪口，生则同乐、死则同穴等内容，为近几年蒋日记公开后才得到确认的第一手史料。正因为手迹从某个视角、某个层面首先反映的是历史，我们在编写过程中，并非只看重字体书写好坏和手迹整洁度。相反，一些残破、局部字体欠雅的手迹，由于能见证某段重要历史，亦予辑存书中。纵观全书，许多手迹内容，未见于以往史志记载，为首次与公众见面，诚可补史志之阙，填研究空白。

同时，为力求本书的史学学术价值，我们对每件手迹都作了必要注释，对重要手迹还加以解读和阐述，给读者一个较为完整的背景信息。这个方面，可以说是我们多年研究工作的一次薄发吧。因为约略三分之一的手迹，恰是我们在民国历史云烟消散后，首次在民间发现并摭拾。而部分手迹的解读和阐述，则仰仗了蒋介石日记等权威史料，以及民国史研究专家的最新研究成果，并重新考订或存疑。辑存书于中的一部分手迹，带有隐恶扬善的溢美之词，这就需要读者用科学的社会历史观，既审慎又淡然地对待。一些公众理解难度较大、史学家仍在研究阶段的手迹，不予辑存于本书之中。

不能把手迹完全看作是书法作品，并不是说它就没有书法的审美价值了。有些手迹确有史料和书法艺术的双重价值。与读者印象中的大多数枯燥乏味、专业性强的历史人物手迹读本大有不同，本书中的约七八成手迹，我们完全可以把它们视作书法作品。其中相当多手迹的主人，虽为民国时期军政要员、商界达人，但他们的书法更是名重一时，各具神韵，简直可以作为我们后人的习字范本。『民国书法四大家』——谭延闿、吴敬恒、于右任、胡汉民留存于溪口的手迹，本书多有收录。像谭延闿手书的《哭母文》《蒋肃庵先生墓志铭》，吴敬恒的《蒋金紫园庙碑》等，称之为『法书』，并不为过。若说于右任，还得提到沈尹默。在民国书坛，他俩有『北于南沈』之盛誉。当年刚出道的蒋介石，延请沈尹默为病逝的生母献墨《蒋太夫人墓志铭》。这件作品，已被后人视为沈的早期代表作之一。

印章是书法的有机组成部分。本书中，民国名人的多数手迹钤有印

图书在版编目(CIP)数据

溪口民国墨痕 / 周金康，裘国松编. 一宁波：宁波出版社，2013.12
ISBN 978-7-5526-0843-4

Ⅰ. ①溪… Ⅱ. ①周… ②裘… Ⅲ. ①名人—手迹—中国—民国 ②乡镇—地方史—史料—奉化市—民国 Ⅳ. ①K820.6②K295.55

中国版本图书馆CIP 数据核字(2013)第 102440 号

溪口民国墨痕

编　　者　周金康　裘国松
责任编辑　王松见　陆红亚
装帧设计　吉祥文化
出版发行　宁波出版社
地址邮编　宁波市甬江大道 1 号宁波书城 8 号楼 6 楼　315040
网　　址　http://www.nbcbs.com
印　　刷　山东鸿杰印务集团有限公司
开　　本　787mm × 1092mm　1/16
印　　张　9
字　　数　100 千
版次印次　2013 年 12 月第 1 版　2013 年 12 月第 1 次印刷
标准书号　ISBN 978-7-5526-0843-4
定　　价　98.00 元

章，此外我们还特地收入部分主人艺术性强的印章。因了主人的社会地位，当年这些印章多为民国时期治印名家所镌，其章法、刀法各臻其美，富有书法之笔趣。而今墨痕与印存，在书中互为照应，相得益彰。

在本书编著过程中，我们得到了浙江大学蒋介石与近现代中国研究中心、中国国民党党史馆、奉化市文物保护所、溪口镇岩头村等的鼎力惠助；浙江省文化厅原副厅长、省文物局原局长、省书法家协会主席鲍贤伦先生，也给予热情鼓励并为本书出版惠赐墨宝；宁波出版社王松见、陆红亚等编辑，多次参与本书的策划活动，并悉心处理编务；李春苗、汪立骅两位同事参与了手迹的拍摄工作；孙世姣同事不厌其烦地配合藏品提取工作，在此，一并表示衷心的感谢和诚挚的敬意！

墨染纸载的历史名人手迹，乃历史遗存之中的一款『易碎品』。岁月不居，而墨痕渐淡。本书的付梓，可以说为奉化民国文化的发掘和传承，完成了一次新的尝试。又因了溪口在中华民国史中的特殊地位，读者也可把本书看作那个渐行渐远时代的一个缩影。它若能受到文史爱好者、书法艺术爱好者和广大读者的欢迎，那是我们最大的欣慰。由于我们水平有限，粗疏之处在所难免，乞望方家赐以教正。

编 者

2013年11月